장미와 그늘

이정옥 수필집

도서출판 실천

장미와 그늘
실천총서 061

초판 1쇄 인쇄 | 2025년 7월 14일
초판 1쇄 발행 | 2025년 7월 20일

지 은 이 | 이정옥
발 행 인 | 이어산
기 획 · 제 작 | 이어산
발 행 처 | 도서출판 실천
등 록 번 호 | 서울 종로 바00196호 등 록 일 자 | 2018년 7월 13일
           | 진주 제2021-000009호 | 2021년 3월 19일
서울사무실 | 서울특별시 종로구 율곡로 6길 36
          02)766-4580, 010-6687-4580
본사사무실 | 경남 진주시 동부로 169번길 12. 윙스타워지식산업센터 A동 705호
          055)763-2245, 010-3945-2245 팩스 055)762-0124
편 집 · 인 쇄 | 도서출판 실천
편 집 장 | 김성진

ISBN 979-11-92374-84-0

값 15,000원

* 이 책은 전부 또는 일부 내용을 재사용하려면 저작권자와 '도서출판 실천'의 동의를 받아야 합니다.
* 이 책의 국립중앙도서관 출판예정도서목록(CIP)은 서지정보유통지원시스템(http://seoji.nl.go.kr)
과 국가자료종합목록시스템(http://www.nl.go.kr/kolisnet)에서 이용하실 수 있습니다.
* 잘못된 책은 교환해드립니다.

  * 이 책은 진주문화관광재단의 지원금 일부를 받아 발간하였습니다.

장미와 그늘

이정옥 수필집

■ 작가의 말

 명리학의 사주 풀이 중 일주에 축이 들면 평생 일을 해야 되는 사주로 본다. '관'과 '귄'이 든 호랑이띠 내 사주의 일주에도 축이 들었다. 공직에 있으면서도 매번 일에 치였다. 어스름녘 땅거미 같은 내 삶의 굴레가 일과 사람이라는 것을 그때 알았다. 예기치 못한 일들, 내 일이 아님에도 연루되는 상황에 놓였다. 불평하거나 내색치 않았다. 그러나 그로 인해 인간에 대한 본능적인 조심스러움과 지루함을 느끼는 버릇이 굳어졌다.
 작년 겨울이 내 생애 최고의 고비였는데 적막에 겨워 밤길을 걸었다. 싸락싸락 눈이 내렸다. 곧 말겠거니 했는데 외투 위에 껴입은 패딩이 젖을 정도의 폭설로 변했다. 나무 사이로 내려앉는 하얀 정적, 차가운 공기, 우리 지방에서는 흔치 않은 풍경이라 넋을 놓았다. 숨막히는 아름다움 앞에서 나를 다그치고 몰아세웠다. 생뚱맞게도 수필집을 내고 싶다는 생각이 들었다.
 모아둔 습작들은 하나같이 변변찮았다. 수필의 조건을 갖지 못한 것들을 삭제했다. 직관에 의지한 글, 서사의 축이 약한 글, 돌처럼 굳었거나 시대착오적인 글도 지웠다. 지나친 슬픔, 기쁨, 체념적인 글까지 없애고 보니 몇 편 남지 않았다. 나의 삶, 나의 인연, 떠나보낼 것은 떠나보내고 놓아 줄 것은 놓아주리라는 심정으로 과거를 탈고했다.
 실재하는 내 삶을 썼음에도 내면과 외면 사이에 상당한 거리가 있었다. 자기 고백이나 솔직함이 부족한 것은 드센 기질과 내 속을 보이지 못하는 내향성과의 충돌, 불균형쯤으로 치부한다. 죽을 때까지 기억되는 글을 못 쓴 것도 후회가 되었다. 낙담이 컸으나 대청소를 마친 것처럼 개운하다. 혼을 터치 당한 작은 징후, 섬세한 접촉 같은 것들이 향후의 시간을 창조해 주리라는 믿음을 가진다. 어쩌면 내 삶에 가장 가깝고 나와 가장 친한 존재로 살아갈 문학이 될 것 같다.

  한해의 절반을 보낸 이 시점, 지난 날을 뒤돌아보면 이렇게 만족스러운 시간에 빠진 적이 없다. 출판사 도서출판 실천 덕분이다. 자칫 내 잣대에 갇혀 출간할 형편이 못 된다고 버리려던 글을 쾌히 챙겨주신 도서출판 실천에 감사드린다. 조용히 응원하고 살펴주신 분들도 잊지 않겠다. 무엇보다 흔들릴 때, 포기하려 들때 붙잡아 주신 서현복 선생님께 이 책을 바친다. 인생 자체가 문학인 대작가들의 삶과 글이야말로 황폐한 말년을 비껴가는 생의 비결임을 간과하지 않겠다.

2025년 7월 이정옥

■ 차례

1부
나를 키워 준 것들

나불천의 여름	13
마리스 얀손스	17
하연옥	20
유월, 그녀의 냉면	24
권태	28
그리운 집	32
남국의 내레이션	35
내게로 오는 아침	40
서울 별곡	43
일몰 예찬	48
아, 지리산	50
진주 중앙시장	52
백수의 여왕	54
후광	58
백건우와 글	61
타인속의 나	64
엄마의 입춘, 그 위대한 무식	67

2부
내가 얻은 행복과 위안

장미와 그늘	73
횡재수	76
벽소령 달밤	79
키나발루 산의 흰꽃	82
지리산의 축복	84
사막의 진실	86
요세미티의 추억	89
망경동이 진주다	92
하동, 그리고 수정사	94
길상사와 은장도	96
도올과 독서	99
마의 구간	101
세모 밑 유등축제	104
윤여정과 명품	106
심심한 희망	109
멋	112
산사 일기	115
떳떳한 무능	118

3부
봄빛, 가을색

봄꽃 천리	125
삼매 탐방	129
창렬사의 봄	131
희망교의 봄, 희망의 봄	133
꽃의 위로	136
나무가 전하는 말	138
귀신도 좀 쫓고	141
물의 도시, 진주	143
미망	145
까뮈의 가을, 헤세의 가을	148
만추	150
경계 구역	153
건전한 유대감	156
드보르작과 원격수업	159
한국적 모성성, 그 리얼리즘 휴머니즘 클래시시즘	161
크리스마스 풍경	163

4부
과거와 현재의 기억 속에서

AI 시대의 문학　169
디카시와 신춘문예　172
거림계곡, 디카시가 되다　176
추억으로부터 아주 먼 곳　179
마치 자줏빛 사파이어 같던　183
피아노와 조율사　188
사촌 오빠　193
진주 사람, 정행길　197
공간에 대한 예의　201
착각하는 여인들　203
등교 수업　205
어떤 하루　208
원격수업의 두 얼굴　211
포스트모더니즘, 포스트코로니즘　213
전화위복, 코로나19　216
코로나의 역설, 학교의 진화　219
작은 직업　221

1부 나를 키워 준 것들

나불천의 여름

 강은 내 유년의 놀이터였다. 어릴 적 아버지의 땅이 나불천변에 있었다. 나불천을 낀 짙푸른 대숲 그 그늘 어딘가에서 뻐꾸기 울면 한낮의 뜨거움이 절정으로 치달았다. 아이들의 물놀이는 지치지도 않았다. 얕은 물에서 송사리를 잡는 수줍은 여자아이 몇을 빼고 죄 멱을 감았다. 담이 센 아이들은 대숲 쪽으로 세차게 휘몰리는 물살을 즐기며 수심 더 깊이 자맥질해 갔다. 경고성 울음을 피처럼 토해내는 뻐꾸기 울 때마다 거무튀튀한 불길함이 첨벙첨벙 빠졌다.
 수심 깊이 뿌리내린 대숲 그늘은 강 건너편에서 봐도 으스스했다. 그늘지고 어두운 지대에 문둥이 각시가 산다고들 했고, 제삿날보다 혼령들이 먼지 와있다고 했다. 어른들의 근거 없는 말은 조무래기들의 입을 통해 괴상하게 와전되었다. 상상이 많던 나는 강 깊은 곳에서 '괜찮아, 이리와' 하고 불러들이는 어떤 소리를 들은 것만 같아

소름이 돋기도 했다. 실제로 매번 같은 위치에서 한두 해 걸러 아이들이 죽었다.
그날 또래의 순임이가 변을 당할 것이라고는 상상할 수 없었다. 태양은 변함없이 뜨거웠고 국도변 먼지를 뒤집어 쓴 미루나무 꼭대기에서 그악스럽게 울던 매미소리도 다를 바 없었다. 제트기가 굉음을 내며 순식간에 지나는 하늘을 향해 고함을 질러대는 순임이나, 덩달아 흥분한 아이들 모두 잠시 뒤에 벌어질 참변을 예상하지 못했다.
순임이네 집은 딸이 많았다. 아들을 얻기 위해 내리 낳은 것이 그만 딸만 여섯을 두었다. 그 어머니 얼굴에는 새까맣게 내려앉은 기미가 들깨를 들이부은 듯 꺼칠했다. 그녀는 매일 먼 동네까지 와서 기웃거렸다. 밥 때를 맞춰 숟가락을 놓을 쯤이면 비어 있는 앞니로 꺼멓게 말을 건넸다. 어머니는 아무 말 않고 이것저것 담아서 보냈다. 억척스럽건만 가난과 남편의 구박을 벗어나지 못했다.
학교도 안 가고 동생들을 돌보는 순임의 하루하루가 지겨워 보였다. 젖먹이 동생을 둘러업고 어슬렁어슬렁 배회할 때면 눈물 자국인지 땟국물인지 더 꼬질해져 있었다. 동네잔치가 있는 날은 커다란 통이든, 소쿠리든 휘떡휘떡 들고 쫓아다니기에 바빴다. 부침성 있고 일을 워낙 잘 거드는 통에 여기저기서 불러댔다.
얼마를 떠내려갔는지 순임을 건진 곳은 아이들이 놀던 곳에서 한참이나 떨어진 곳이었다. 터질 듯 빵빵하게 부푼 배 때문인지 도무지 순임이 같지가 않았다. 달려온 어머니는 제정신이 아니었다. 목 놓아 우는 그녀의 등 뒤로 벌겋던 해가 식어가고 간간이 부는 저녁 바람이 버드나무 가지들을 살랑살랑 건드렸다. 누워있던 순임이 벌떡 일어날 것만 같은 희망으로 해가 저물었다. 얼마 후 컴컴한 어둠과 함께 결국은 거적때기에 말려 들어갔다.
 순임을 강물 속으로 끌어들인 것은 문둥이라 했다. 사람 백 명을 먹어야 옳은 인간이 될 수 있다는, 나불천 미신이 현실이 되었다. 누구라도 불귀의 객이 될 수 있겠다는 공포 때문에 그곳에서 더 이상 노는 것이 금지되었다. 그렇게 순임이 가고, 작열하는 태양이 정수리께를 달궈놓던 여름이 몇 년 동안 방치된 채 흘렀다. 우리는 성장했고 더러는 더 큰 도시로 이사를 갔다.
 그렇게 나불천 개발시책으로 너도나도 떠나고. 순임이 결혼한다는 소리를 들은 것은 한참 뒤였다. 사나웠던 그 아버지 죽고 인삼장사로 돈을 거머쥔 그의 어머니가 주선한 지푸라기 영혼식이었다. 신랑은 소꿉친구 안나의 오빠였다. 폐결핵으로 하얗게 질린 채 평상에 앉아 햇볕을 쪼이던 안토니오 오빠는 고등학생 때 결국 죽었다. 안토니오의 가련한 모습이 이상의 시를 처음 읽던 날 불쑥 되살아났다. 가톨릭 신자였던 안나네 집과는 격이 많이 져서 살아서는 맺기 어려운 혼사였을 것이라는 뒷말이 무성했다.
 그가 죽던 날은 영등 할머니가 바람을 타고 내려온다는 음력 이월이었다. 겨울을 힘겹게 견뎌낸 이른 봄 풍경이 황사 바람에 휩쓸려 동네를 헤집고 다녔다. 햇살이 퍼지지 않은 골목 어딘가는 녹아서 질퍽거리는 흙길에 수레 자국이 패였다가, 꽃샘추위에 다시 꽝꽝 얼어붙어 겨울보다 더 황폐하고 을씨년스러웠다.내 기억속에 담긴 두 사람의 모습은 기쁨도 희망도 아닌 슬픔과 어떤 울분의 형체처럼 남아있었다.
 겨울에 죽은 이와 뜨겁던 여름에 죽은 둘의 영혼이 서로 적응하느라 바람이 갈팡질팡한다고 믿었다. 딸의 시신을 안고 꺽꺽 울던 누추한 절망이 강한 이미지로 남아있는 나불천이 되었다. 칭얼거리던 동생을 업은 순임, 지쳐서 꺼질 것 같았던 안토니오 오빠. 이들의 인연은 어디에서 비롯된 것일까. 달아나는 제트비행기를 향해 무어라 외쳐대던 새까만 그 손나팔을 순임의 마지막 희망으로 해석해도 좋을까. 이 운명의 불가항력을 또 어떻게 받아들이고 수긍해야 할까.

　그 옛날 삶과 죽음의 경계였던 나불천은 복개된 이후 급격히 달라졌다. 모래사장을 따라 은사시나무 잎들이 바람에 반짝거리던 아버지 땅도, 우리가 놀던 강도 사라지고 말았다. 애상적인 자취를 덮은 문명화된 도시의 콘크리트는 야만적인 옛이야기의 흔적마저 망각하게 만들었다.

　논리로 설명할 길 없는 일을 겪는 지금, 무슨 생각끝에 여기에 이사를 온 것인지, 그때와 무슨 연결고리라도 있는 것인지. 생각에 잠길 때가 많다. 평생　헤엄 쳐도 다 다르지 못할 파도처럼 철썩거리기만 하는 일상이다. 해안에　갇힌 것 같은 내 삶이 이쯤에서　좌초되는　것은 아닌지 두렵기만 하다.

마리스 얀손스

커피 머신을 켜놓고 음반 커버를 본다. 오래전 발매된 마리스 얀손스의 기념 음반. 시벨리우스 심포니 넘버 2를 지휘하는 몽환적인 표정. 유리알 같던 눈은 감겨 있고 반쯤 벌어진 입술은 허밍을 하는 모양이다. 완전한 환희와 완전한 절망이 공존하는 낯빛은 낮과 밤의 교차만큼이나 뚜렷하다.

몇 차례의 고비를 넘겼음에도 2019년 겨울, 얀손스는 예의 그 심장마비로 죽었다. 베를린 필을 움직였던 헤르베르트 폰 카라얀의 카리스마를 계승하면서도 재치와 순발력으로 다양한 이벤트를 펼쳤던 독특한 무대는, 카라얀처럼 독단하지 않고 공동으로 해결하려는 노력으로 큰 호평을 받았다. 그런 차별화를 두고 중앙에서 발행되는 일간지 문화면은 멋과 풍류를 아는, 우리 민족 정서를 섬세하게 피악한 얀손스였다고 특필 했나.

그는 종종 일인자로 추앙받기도 했다. 통상적 견해와는 달랐지만 가장 설득력 있다는 평가를 받았던 자신만의 독특한 해석으로 확고부동한 존재감을 발현했다. 쉽지 않았던 구스타프 말러, 요한 슈트라우스, 차이코프스키 말고도 만만찮은 라흐마니노프, 쇼스타코비치 등. 까다롭다는 북유럽 감성을 쉽게 접근시켰다. 그때만해도 생소한 빙하 나라 음원들이 한국에서 대세가 된 발판을 얀손스가 마련했다는 평판은 과언이 아니다.

얀센스 서울 공연 훨씬 전부터 나는 서울이라면 사족을 못 썼다. 문화에 대한 광적인 편견으로 한 달에 몇 번씩 오르내렸다. 실황 공연, 연극, 무용, 그림, 도자기, 불상 등의 전시를 보면서 덕수궁, 창경궁, 광화문, 종각, 을지로, 종로를 가로질러 쏘다녔다. 실재하는 건축만이 최고의 예술이라는 어줍잖은 지식을 맹신하면서 비 내리고 눈 쌓인 종묘, 낙엽 뒹구는 운현궁 뜨락을 혼자 다녔다. 막무가내식의 향락은 내 존재를 과시하려는 자만과 사치와 겉멋에 도취되어 절제없이 필사적으로 매달렸다.

어쩌면 그때 나는 거의 맹목적인 상태였는지 몰랐다. 소외된 지방문화 속에 내재된 폐쇄적이고, 안일하고, 시시껄렁한 나부랭이로부터의 도피, 혹은 체념과 포기에 가까운 반항과 저항을 가리지 않고 내세웠다. 어느게 다행이고 어느게 불행인지에는 관심없었다. 현실에 안주하기는 싫은데 달리 재능은 없고, 가장 만만한 일상을 함부로 취급함으로써 내 안의 상처들을 덧내고 봉하는 과정을 되풀이했다.

얀손스의 내한 공연 이후 서울에 대한 나의 편견은 크게 무너졌다. 서울이라고 해서 최고의 무대만 펼쳐지는 것이 아님을 자각했다. 오스트리아 빈, 체코 프라하, 독일 드레스덴 등을 여행하면서 공연과 미술전시회를 다녔다. 그러던 어느날 얀손스의 음악세계가 다르게 다가왔다. 가늠하기 힘든 존재의 무게와 높이와 깊이를 음악으로 조율하던 얀손스의 무대는 지나침으로 인해 오히려 경직되어 가는 나의 허영에 경종을 울렸다. 비로소 클래식 음악을 가식없이, 제대로, 차분하고 정확하게 받아들이는 계기를 가졌다. 예술에 미안했다. 겸허해지기 위해 노력했다.

얀손스의 최고 매너는 안정감을 주는 것에 있었다. 작은 고요 속으로 미끄러지는 자유로움 같은, 완벽한 진공상태에 들어가서 누운 듯이 편안했다. 무념, 무취, 무색의 소리들이 따뜻한 물처럼 내 심신을 풀어주었다. 어느 순간 서울문화에 대한 피로감이 녹기 시작했다.

그가 사망한지 여러 해가 지났다. 그럼에도 음반을 들을 때마다 빈에서의 감동이 어제처럼 선명해진다. 그의 음반들은 북유럽 특유의 차갑고도 시린 물처럼 신성하게 소용돌이치면서 한때 심취 했던 그의 눈, 그의 표정을 변함없이 떠올리게 만든다. 겸손의 지휘봉을 쥐고 음의 세계로 휘몰아가던 그의 손, 그 표백된 듯 깨끗한 여음을 잊지 못하게 한다.

내 기억속에서만큼은 절대 늙지 않을 마리스 얀손스, 그가 벌여 놓은 미의 한판에 그나마 잠시 어울려 놀았다는 사실 하나만으로도 큰 행운이 되었다. 진정한 음악애호가로서의 태도, 예술을 즐기는 자세가 어떠해야 하는지를 무대를 통해 보여 준 모습은 그 자체가 예술이었다.

맹목적이었던 내 젊음을 균형있고 절제된 방향으로 이끌어 준 마리스 얀손스. 나는 그가 지휘하는 대로 여전히 살고 있다.

하연옥

　국립박물관 특별전에서 평양감사 부임 장면을 그린 그림을 본 적이 있다. 대동강에 여러 척의 유람선이 떠 있고, 평양감사 일행들을 환영하는 인파들이 즐비했다. 기생들의 화려한 복색과 대동문 근처, 여러 군데의 냉면집에 눈이 갔을 때 어떤 기억 하나가 떠올랐다.
　진주의 이현동 하연옥 냉면. 그 집에 대한 추억은 어린 시절 내 삶의 풍경과 늘 가까이 있다. 냉면으로 일가를 일으킨 하연옥 말고도 촉석루, 진양호와 함께 같은 문화권에 살았던 그때의 사람들이 문득 문득 떠오른다.
　전국의 맛집을 찾는 사람들이 진주의 맛 브랜드로는 당연히 하연옥 냉면을 먼저 꼽는다. 최근엔 더욱 이름이 높아져 세계적인 냉면으로 부상 중이다. 여름 한철 전국에서 떼를 지어 몰려 드는 방문 차량으로 이현동 일대가 마비되기도 한다.
　이렇듯 진주의 이미지로 자리잡은 하연옥 냉면과는 남다

른 일화가 있다. 시작은 미미했다. 진주냉면이라는 상호를 걸기까지만 해도 긴 세월이 걸렸다. 초여름부터 가을까지 아버지 따라 자주 갔던 곳은 서부시장 입구 외진 골목이었다. 그 조용한 냉면 집이 이렇게 유명 장소가 될 줄은 그 누구도 몰랐다.

창업주인 그의 아버지는 검소하고 성실해서 묵묵히 일만 했다. 과묵하여 두 마디 이상 말하는 것을 본 적이 없었다. 직접 제작한 냉면 기계 앞에서 소나비 같은 땀을 흘리면서도 폭염 아래 꼼짝 않고 면발 뽑는 것만 전념했다. 목에는 광목 수건을 걸고 신화 속의 사나이처럼 온몸으로 물레만 돌렸다. 그 자체가 이미 오늘의 부가 예정된 하연옥 냉면 신화의 탄생 조짐이었다.

면발의 우수성은 창업 때부터 소문났다. 일정한 염도와 탄력을 유지하기 위해 일사불란하게, 굵은 빗줄기처럼 쫙 쫙 내려야만 갈색 면발의 쫀득함을 잃지 않는다고 믿으면서 오직 그 일에만 생을 걸었다. 당시 흔히 먹던 국수와는 천지 차이였고 값이 비싸 돈 없는 서민들은 쉽게 먹을 수 없었던 단점을, 고급의 서민화 전략으로 승부를 건 셈이었다.

창업주인 부친이 돌아가시자 부인인 연옥씨의 친정엄마가 받았다. 노모마저 기력이 쇠하자, 셋째 딸인 하사장이 특유의 맛과 향과 고명의 절묘함과 진주 특유의 육수를 개발하면서 대한민국 냉면 맛을 선도하기에 이르렀다.

하연옥의 특별함은 인간미에 더 있다. 친정어머니도 그랬지만 장삿속으로만 사람을 대하지 않는다. 따님이 내 제자였는데 어쩌다 그 맛이 그리워 찾아가면 담임이었다고 극진히 대접한다. 민망해서 오히려 다른 곳을 가야 함에도 그 맛이 아니면 안 되겠기에 무릅쓰고 간다. 나에게만 그런 것이 아니라 단골이나 이웃 어른들에게도 한결같음을 본 뒤에는 마음이 편해졌다.

서부시장에서 점포 몇 개를 운영했던 나의 아버지는 내가 중학교를 졸업할 때까지만 해도 꽤 주목받는 신흥부자, 거부였다. 돈을 세다 보면 날이 훤히 샜다는 전설 속의 주인공이었다. 그러나 지금은 아무 것도 없다. 아버지는 사업가였다기보다 바람 같고 구름 같은 한량에 가까웠다. 손대는 사업마다 불처럼 일었지만 관리에서 실패했다. 사람을 그저 믿고 집문서까지 내주면서 봉변에 처한 사람들을 하릴없이 구했다. 장날이면 상이용사, 걸인들까지 우리집 마당에 죽치고 앉아서 아버지를 기다릴 정도였으니.

전성기때는 일본 방문이 용이했던 신분으로 자전거, 선풍기, 조미료, 화장품, 양산, 브로치 등의 일본문물을 대거 들여왔다. 각종 공산품과 소품들을 잔뜩 싣고 오는 귀국 행렬은 평양 감사 일행을 맞는 저 그림 속 장면처럼 문전성시를 이루었다.

그런 우리 집의 흥망성쇠에 비하면 하연옥의 성공담은 필연적인 결과였다. 냉면만 생각하고 냉면과 성장하고 냉면을 통해 자아를 실현했다. 어릴 때는 동네에서 예쁘장한 꼬맹이로 엄마 치마폭에 폭 싸여 세상물정 모르던 코흘리개였는데 그녀는 우리 음식문화의 대들보, 그 주역이 되고 나는 일개 교사로 전전긍긍하다가 연금에 의지하면서 사는 처지가 되었다.

그럼에도 여름철 냉면 시즌이 돌아오면 그 시절의 아버지가 몹시 그립다. 고관대작들과 권커니 잣거니 하면서 풍류를 즐기고 터무니 없을 정도로 사람을 믿고 거뒀던 통 큰

쏨쏨이. 어쩌다 좋은 일이 있을 때면 파안대소로 무릎을 탁 치던 모습. 청마루 돗자리에 양반다리로 꼿꼿이 앉아서 생각에 잠겨있던 정물 같은 뒷모습이 날이 갈수록 그립다. 여름 태양과 초록 잎새를 스치는 바람의 향기 만큼이나 풍요로웠던 그때에 비하면 지금은 돈 앞에 위축도 좀 되고 추억을 생각할 겨를도 없이 살아가는 팍팍함 때문인지 무한한 그 사랑, 관대한 보호가 무척이나 절실하다.

창업주가 된 하연옥의 아버지와 한여름에도 풀 먹인 모시옷 떨쳐 입고 판소리 적벽가를 지긋이 듣던 아버지, 주어진 복에 그저 편승했던 나의 삶과 그 복의 한계를 인간승리로 쟁취한 하연옥의 삶. 대비되는 인생이다.

피는 속일 수 없는 것이라면 여장부는 못 되었지만, 여전히 흐르고 있는 호방한 아버지의 기질로 '황성 옛터의 고요한 월색' 같은, 낭만이라도 주어지는 인생을 기대하고 싶다.

유월, 그녀의 냉면

중학교 2학년 가정시간이었다. 비 개인 오후의 깨끗한 대기와 비 냄새와 윤기 흐르는 녹색 숲에 싸인 교정, 그 속에서 삶과 존재의 근원적인 것들에 눈을 뜨는 내 감수성이 폭풍처럼 성장하던 시기였다.

목조로 지어진 교사는 100년이 넘었고 낡은 세월만큼 커다란 위엄이 있었다. 변덕스러운 감정에 놓인 아이들, 주장을 갖기 시작한 소녀들, 벌써부터 학문에 뜻을 품기 시작한 영재들은 서로 섞이면서도 불안정한 감수성으로 제각각 투닥였다. 이미 조숙한 몇몇은 이성에 대한 관심으로 월요일이면 교실 분위기를 술렁이게도 했다.

그러나 나의 관심은 가정시간이었다. 여성적인 아름다움이 무엇인지를 보여주었던 그녀, 대상에 대한 깊은 애정을 담고 있던 눈빛은 얼룩진 권태와 타성적 나태함을 형식의 엄격함에 감추었던 여느 선생님들과는 달랐다.

실습시간이었다. 닥종이에 연필로 플레어 스커트를 제도

하는 실기수업은 손놀림의 정교함이 요구되었다. 지구력이 약한 나였지만 그 시간만큼은 제도지에 코를 박고 자, 가위, 콤파스를 번갈아 들고 오랫동안 집중했다.

칠판의 오른쪽 끝에서 한 손을 허리께쯤 받치고 제도하는 요령과 주의점을 설명할 때 발산되던 싱그러운 에너지는 우리 모두를 그녀의 세계로 끌어들였다. 또박또박 발음되는 음성, 온화한 음색에 이끌려 군데군데 설명을 놓칠뻔 한 적도 있었다. 때때로 10대들을 위해 삶에 대한 신뢰와 예찬이 담긴 고전을 들려주기도 했는데, 알퐁스 도데의 마지막 수업이라든지 별을 그때 들었다. 계절마다 다른 이야기 다른 장르로 우리를 감동시켰던 것 못지 않게 선생님의 옷은 우리를 몹시 설레게 했다. 벨벳 자켓, 실크 블라우스, 린넨 셔츠, 쉬폰 스커트, 허리를 강조하던 벨트. 눈에 띄는 고급스러움과 단아한 자태는 압도적인 품위였다. 사치스럽다는 생각은 전혀 하지 못했다. 따뜻한 표정, 친근한 말투가 늘 우리와 연결된 느낌을 주었기 때문이었다. 선생님에 대한 나의 동경은 나의 미래를 마음껏 상상하게 만들었다.

특히 그녀의 손과 종아리는 얼굴보다 더 아름다웠다. 실금처럼 드러나던 손등의 정맥은 옥같은 실개천처럼 맑았고, 다듬이 방망이처럼 미끈하면서도 알맞게 통통한 종아리의 볼륨은 조각 같았다. 한 사람 한 사람 견본품을 점검하기 위해 분단의 통로를 오갈 때는 물결처럼 밀려왔다 밀려가는 공기의 미립자 속에 장미향이 섞여 감돌았다.

그러던 어느 월요일이었다. 제도의 꼼꼼함에 질린 우리를 위해 분위기 전환 차원에서 해 준 얘기였는지, 아님 스스로의 흥분을 제어하지 못해서 그랬는지는 잘 몰라도 수업을 중단하고 다른 화제를 꺼냈다.

어제 일요일, 첫선을 본 이야기였다. 냉면을 먹으면서 겪었던 헤프닝이었는데. 미처 풀리지 않은 겨자 덩이를 실수로 삼킨 그녀는 톡 쏘는 맛에 놀랐고, 재채기를 했고, 와중에 팔꿈치에 걸린 냉면 그릇이 그녀 앞으로 쏟아져 버렸다고 했다. 눈물 콧물이 범벅 되었고 옷도 데이트도 엉망으로 끝나버렸다는 결말. 절대로 맞선 보는 자리에서 냉면을 먹어서는 안된다고 강조할 때의 그녀 표정 위에 떠오른 것은 아무리 감추려고 해도 삐져나오는 기쁨과 설렘과 흥분이었다. 나는 묘한 서러움을 느꼈다.

사건의 끝에 먼저 도달해서 결말을 추궁하는 아이들로 수업은 난장이 되었다. 누군가의 질문에 대한 답변으로 상당히 충격이었고, 당황했고, 어제의 일을 지워버리거나 도망가고 싶다는 대답을 하면서 교실을 황급히 나갔다.

결혼의 전조. 어쩐 일인지 내 귀에는 실수한 그녀의 냉면 이야기가 좋은 만남의 서막이었노라는 고백처럼 들렸다. 그 남자와 깊이 연루될 그녀 삶을 예감했다. 검고 차분한 눈동자, 상냥한 마음씨, 게다가 깊이를 확보하고 있는 지적인 그녀를 선택하지 않을 남자가 이 세상에 어디 있겠는가.

나는 불안했고 질투가 났다. 집에 가서도 숙제를 할 수가 없었다. 비밀을 품은 사람처럼 입을 꽉 다문 채 방아꽃 향기가 톡톡 떠다니는 초여름 골목을 배회했다. 석류꽃 붉은 바람이 마당을 가득 채우던 늦은 밤까지 서성거렸다. 나는 그녀 삶이 나와는 아주 먼, 다른 방향으로 전개 되리라는 것과, 우리 곁을 떠날지도 모른다는 성급한 불안으로 초조해졌다.

몇 달 뒤, 그녀는 결혼을 했다. 생기 넘치게 수업할 때의 모습과는 좀 다르게 꽃봉오리가 만개한 듯 커다란 환희가 발산되었다. 침착하게, 양복 입은 남자의 팔짱을 끼고 찬란한 빛의 화신으로 걸어왔다. 그녀 곁에는 여자를 알아 볼 줄 알고, 사랑을 할 줄 아는, 성실한 신사가 영국 근위병처럼 버티고 있었다. 그녀의 발랄함과 그의 당당함이, 그녀의 섬세함과 그의 우직함이 잘 직조된 한 필의 비단처럼 고급스러움을 풍겼다.

축하하러 간 우리는 울고 말았다. 혼인서약의 순간, 나는 지나치게 아름다운 것과 가장 친밀하게 내통하는 감정은 슬픔이라는 추상적인 기분에 사로잡힌 채 그만 울음을 터뜨리고 말았다. 그처럼 어울리는 부부 한 쌍이 탄생하는 결혼식장에서 그토록 제어할 수 없는 슬픔을 느껴야 하다니.

결혼과 동시에 그녀는 학교를 떠났다. 곧 나는 3학년이 되었고 새 가정 선생님은 예쁘지도 상냥하지도 않은, 퇴직을 앞둔 나이 많은 선생님이었다. 이후의 내 학교 생활은 재미라곤 없이 구겨진 천조각처럼 나뒹굴었다.

초여름 처음 먹는 냉면에는 그녀의 냉면 이야기가 항상 떠오른다. 냉기를 품은 철 이른 냉면을 먹을 때마다 나는 그녀 생의 푸른 맛과 생동감을 함께 건져 올린다. 그날의 냉면이야말로 그녀 사랑의 달콤한 예감이자, 아름답고 탄탄한 생의 출발이었음을.

소녀시절과의 결별을 겪게 한 유월, 그녀의 냉면 맛을 아직도 나는 잊지 못한다.

권태

나는 염세가도 아니며 그렇다고 삶의 애호가도 아니다. 극단적인 불행으로 괴로워해 본 적도, 굳이 행복을 찾기 위해 노력한 적도 없다. 일상의 궤적을 따라 하루하루를 살았을 뿐이고 잘 살고 있음을 잊을 정도로 내세울 것 없는 평범한 삶이다. 그런데도 삶에 대한 기대를 저버리지 않았고 작은 무엇이나마 늘 욕망했으며 자신을 위안하는 방법 만큼은 열심히 모색했다.

그러나 지금은 주변의 모든 문제에 시큰둥하고 세상의 소식에 무관심하다. 믿었던 일들이 마치 약속이라도 한 것처럼 동시에, 또는 연속적으로 어긋나버리는 일을 하도 자주 겪은 탓에 무슨 말이 나와도 모른다고, 싫다고, 아마도, 라고 대답한다. 헛된 가능성의 기대로 흥분하지도 좌절하지도 않는다. 이래야만 된다거나, 저래야만 한다거나 하지도 않는다.

젊었을 때처럼 영화나 음반에 자극되어 경쟁이라도 하듯 보고 듣고 하지도 않는다. 어떤 놀라운 주제의 강연도 내 눈빛에 생기를 불어넣지 않으며 내 심장을 뛰게 하지 않는다. 전시회나 연주회 소식, 베스트 서적들로 내 내부의 은근한 기다림과 절제된 희열을 맛본 지도 오래되었다. 단지 몽상과 우울만이 끈질기게 붙어 그것이 어떤 것이든, 아무 것도 하지 않는 이 미증유의 상태가 당장 내가 할 수 있는 단 하나의 수월한 일이라고 합리화한다.

어떤 계획도 시도하지 않으니 외출할 일도 없다. 늦게 일어나서 느리게 움직인다. 아직 본격적으로 시작되지 않은 가을빛이 침대와 창문 사이에 깊숙이 들어온지 꽤 되었지만, 몸을 일으키지도 커튼을 젖히지도 않는다. 수북한 책들과 간밤에 마시다 만 갈색 물이 바닥에 응고된 커피잔과 삐뚤빼뚤하게, 아무렇게나, 생각나는 대로 갈겨 쓴 메모지가 널부러진 테이블 가까이 늘어뜨린 팔을 남의 것인 양 내버려 둔다. 잠이 덜 깬 동공과 생각 없는 뇌를 비 오는 날 걷지 않은 빨래처럼 방치한다.

아침 6시, FM라디오 채널을 고정하고 클래식에서 국악을, 다시 클래식을 반복해서 듣다가 자정이 넘어서야 생각이라는 것을 조금씩 해본다. 아나운서의 목소리에 홀린 듯 귀를 열고 그녀의 멘트를 들으면서 저녁처럼 서늘하고 장미처럼 고혹적인 음성을 따라다닌다. 기교와 테크닉보다 감성과 의미를 던져주는 말을 통해 상상도 못한 상상의 세계를 펼친다.

피에르 푸르니에가 연주하는 바흐의 무반주 첼로 모음곡을 들려줄 때는 에밀 졸라의 결혼, 죽음, 어떤 사랑을 떠올렸다가, 파가니니 주제에 의한 광시곡일 때는 기품 있고 마성 있는 궁정 여인이 지위를 이용하여 파가니니를 쫓아다닌 음악사를 환기한다. 드보르작의 현악 4중주나 슈베르트의 즉

흥곡을 띄울 때는 배추처럼 쪽파처럼 청초하고 상큼한 현대적인 도시 여자, 이미선 아나운서를 구체적으로 그린다.

저렇게 음악과 문화에 대한 조예가 깊다면 중앙의 유수한 대학을 훌륭하게 졸업했을 것이고, 영어에 능통할 것이며, 세계 문화나 여행에 상당한 깊이가 있으리라. 고급 미식가여서 이탈리아 요리에 어울리는 피렌체 와인 제조 기술까지 꿰뚫고 있으리라 짐작한다. 이따금 높은 콧대를 지나치게 세워 회의를 할 때마다 자기 의사를 좀체 굽히지 않아 상사나 동료들이 버겁게 여기지만 '뭐 어때' 하면서 당당한 뒷모습을 보이며 걸어가는 것을 상상해 본다.

그녀의 음성에는 마력이 있어 일종의 관성처럼 추상적인 밤의 세계로 나를 데려다 놓는다. 한때 꿈꾸었던 아나운서에 대한 미련을, 내 안에 잠들어 있는 글과 말에 대한 감각을 복원한다. 과거에 무산된 꿈 몇 가지를 떠올리다가 왜 잘 안되었는지도 짚는다. 원하는 것을 손에 넣기까지는 노력과 체계적인 연습과 지속적인 훈련이 있어야 했는데 그런 것이 없었다고 자조한다.

세상을 움직이는 실력 있는 모든 이들의 재능과 학벌을 인정하고, 그것을 뒷받침해 주는 전략과 뛰어난 힘을 이제야 인정한다. 여성이 독보적인 존재가 되기 위해서는 배후에 있는 권력의 마음을 다잡아 일생을 보장받던, 드라마에나 나옴직한 스토리를 환기한다. 그런 것에 나 같은 인간의 슬픔이 있고, 분함이 있고, 울화가 있다면서 독선적인 내 편협성은 돌아보지도 않고 자조한다.

그녀를 들으면서 천하와 개인, 여인과 천하가 상극하는 현실에 봉착한다. 초저녁에 마신 꼬냑이 아직도 불꽃 같은 기운으로 남아서인지, 무서운 게 없는 여자의 배짱보다 안되면 안되는 대로 무는 무대로 가치가 있다는 쪽으로 '캐세라세라'를 독백한다.

그러나 종내에는 이렇게 사는 방식은 적절치 않다고 생각을 바꾸면서 진공처럼 적적한 나의 공간에 씨앗만한 의미를 부여하다가 잠이 든다.

그리운 집

　작가 스탕달은 예술의 가장 가치 있는 형태가 음악이라고 했다. 나는 건축에서, 그 중에 집을 통해서 그런 아름다움을 발견하는 경우가 종종 있다.
　흔히 집을 두고 삶을 담는 그릇이라고 한다. 위용이 넘치는 엄숙한 집, 도드라지지 않는 집, 쓸모없음이 없는 집, 동선이 실용적인 작은 집, 약간의 센스로 꾸민 듯이 꾸민 집은 진미가 다 담긴 12첩 반상처럼 그 주인의 미적이고 실용적인 가치가 다양하게 내재되어 있다고 믿는다.
　대체로 작은 집을 선호하는 사람들은 큰 집의 비효율적인 공간을 낭비라고 여긴다. 그 산술방식이 틀린 것은 아니지만 나는 거의 공감하지 않는다. 경제성과 효용성만이 아닌, 한 겹 차원이 다른, 정신적인 의미가 집의 규모를 떠나서 공존한다고 본다. 하다못해 귀양 간 선비가 거주한 누옥일지라도 그 품만큼 그릇이 큰 사람이 나온다고 믿었다.
　내가 가장 선호하는 집은 펄벅의 '북경에서 온 편지'에 나오는 버몬트 골짜기, 엘리자베스 집이다. 선조들의 초상이 원래의 형태 그대로 남아서 과거와 현재가 안전한 미래를 떠받치는 가풍으로 계승된 집, 계곡의 엄청난 경관을 배경으로 빈티지한 그릇과 정갈한 소품과 오래된 장식이 누대에 걸쳐 벽이나 문에 걸려 있는 그런 집이다.

내게서의 집은 축소된 세상이다. 태어나고 죽고, 글을 읽고 책을 쓰고, 잠을 자고 음악을 듣고, 꽃을 피우고 나무를 키우는 것과 같은 행위를 다 담은. 그러한 견실함으로 엄격하고 고집스럽게 일관된 어떤 스토리가 있거나 가문의 일생과도 맞물려 있는 양상에 준한다. 무덤덤한 집은 지옥이다. 집에 대해 무덤덤한 사람은 별 매력을 못 느낀다.

내가 그리워하는 집은 또 오래된 봄 속에도 있다. 윤사월 해 길다 꾀꼬리 울면, 외딴집 청마루에 눈먼 처녀가 문설주에 기대고 있는 목월의 집이 그렇고, 백발로 한 줌 재가 된 초록 저고리 다홍치마의 민담 속의 고옥들이 그렇다. 툇마루가 있는 넓은 마당 곳곳에 아기자기하게 핀 이른 봄꽃들, 해당화, 수양매화, 목련꽃, 튤립, 수선화. 혹은 양귀비, 마가렛꽃이 청초한 집이라면 무심히 빠져들어 현실을 잊는다.

평상에 걸터앉아 시름을 놓고 싶은 집, 오랜 풍상을 겪었어도 훈장처럼 자랑이 느껴지는 집, 검소하게 잘 가꾸어 놓은 그런 집을 그리워 하다보니 여행이나 답사 길에 수많은 집을 만났다. 자본으로 평등해 진 계급사회는 그저 돈의 위엄으로 치장된 집을 판박이처럼 만들었다. 돈의 후예들이 조상의 위업과 그 산물로 이어받은 껍데기뿐인 가옥을 영원한 세력인 양 과시하는 집도 있었다.

그러나 전통을 존중하는 집들은 질서에서 태어나 질서로 마감하려는 듯 그 누구도 감히 침범할 수 없는 권위를 자아냈다. 남성들만의 공간 속에서도 여성들의 영역이 엄연히 존재 했다. 특히 부부가 유별한 사랑채와 안채는 분리가 아니라 보호의 영역으로 배치했다. 위아래와 상하를 구별한 것도 힘의 복속이 아니라 관계의 역학 구도를 제대로 고려하면서 지었다.

가문의 문양이 돋보이는 솟을대문을 지나 안마당에 들어서면 육간 대청이 남향으로 반듯하게 앉은 집, 한지를 바른 창살과 문살을 비추는 햇살이 따스해서 마음이 평화로워지는 집, 툇마루 끝의 여름 풍경이 오래오래 여운을 남기는 집을 수없이 봤다. 달도 있고, 해도 있고, 바람과 별과 비와 눈과 꽃들이 사시사철 공생했다, 인간과 자연이 혼연일체가 되어 불면불휴한 정을 담은 집도 만났다. 마음의 안정을 주는 대부분의 집에서 흔하지 않는 위안을 얻었다.

그럼에도 영국 버몬트 골짜기에서 제럴드의 소식을 기다리는 엘리자베스와 '용기는 절망에서 나온다'는 그 어머니의 소신이 작가 펄벅의 신념으로 되물림된 집, 생애 가장 고통스러운 시간을 집을 통해 견뎌낸 그런 집이 더 그립다.

남국의 나레이션

 이월에, 멀리 여행을 갔어요. 탄산수와 아이스크림, 수박 주스가 맛있는 남국으로요. 지리적으로는 아주 멀지만, 돛단배면 될 것 같은, 늘 상상했던 바다와 다양한 인종들이 섞여 있는 푸켓이었어요. 도착한 시간은 늦은 밤이었고요.
 그런데도 동양인과 유럽인들이 섞여 들떠있고, 칵테일바의 재즈 음악은 가마솥에서 삶아낸 음질처럼 뜨거웠어요. 통제 속에만 있던 나는 무척 당혹스러웠죠. 질서정연한 삶, 고정된 안정, 근검절약하는 생활 태도는 여기에선 전혀 필요하지 않았어요. 오히려 거추장스러운 짐이기만 했는 걸요. 제일 먼저 뭘 사야 할지, 어떻게 행동해야 할지, 어떤 시간을 만들 것인지를 빠르게 계산했어요.
 일단은 내 습관부터 버리고 싶었어요. 다른 사람들의 시선을 의식하지 않고, 제일 먼저 하고 싶은 일이 무엇인지를 재빠르게 파악했어요. 제한적인 휴가였지만 천년만년 살 것처럼 백치 같은 여자가 되어 본능에만 충실하자고 작심했어요. 책 같은 것, 음악 같은 것은 멀리하겠다고 결심했어요.

호텔에서 그리 멀지 않은 곳에 근사한 씨푸드레스토랑, 노천카페, 야시장이 밤바다를 낀 곳에 운집해 있었어요. 의식주를 거래하는 구조물이 하나로 묶여져 있는 무슨 몰이라는 곳인데, 합리와 실리가 공존하더군요. 갈등 없이 필요한 것을 한꺼번에 해결했어요. 끈으로 된 원피스와 코코아 껍질로 엮은 샌들부터 샀어요. 아슬아슬하게 걸치거나 거의 벗고 다니는 그곳 여자들처럼 나도 거리낌 없는 복장으로 익명 속으로 걸어갈 만반의 태세를 갖춰야 했으니까요.

화려하고 적나라한 이곳에는 온갖 사람들의 과거와 현재가 출렁거렸어요. 양호한 사람들이 대부분이었지만 얼핏, 무수한 수열로 이루어진 개인사를 가진 얼굴도 있고, 재정적 압박을 피해 도망온 듯한 표정도 이따금 보였어요. 그래서였는지 예의 바른 토착민들의, 겁먹은 듯한 표정이 가장 안심할 수 있는 얼굴로 선택되었어요. 공정하고 온화한 그 눈동자들과 거래할 일들이 대부분일 테니까.

게다가 말이예요. 덴파레로 장식한 비슷비슷한 공간들이 서구적 현대미와는 거리가 멀었지만 나는 굳이 장식의 세련미 같은 것으로 문화의 우열을 따지고 싶지는 않았어요. 왜냐하면 거리의 여자들과 서빙맨, 호객하는 보이의 티셔츠와 청바지가 볼썽사납지도 않았고 꽃처럼 유혹하는 마사지 여종업들이 전혀 값싸게 보이지도 않았거든요. 중요한 건 그들만의 질서를 그대로 볼 줄 아는 열린 자세였어요. 오히려 미래를 걱정하지 않는 특유의 낙천성과 일상을 매우 신중하게 처리하는 그들의 느긋함은 내게 없는 큰 장점으로 보였어요.

아침 해가 뜨자마자 비치파라솔과 돗자리를 빌려 바다로 갔어요. 유럽 여자들이 비키니 차림이거나 옷을 벗고 일광욕을 하고 있었는데, 그들의 신체 조건은 여자인 내 눈에도 전적으로 괜찮은 풍경으로 보였어요. 어깨끈을 풀어 젖가슴을 햇볕에 드러낼 때는 정직하지 못하게 고개를 돌리고 말았지만.

내가 다른 쪽에서 형성되었다는 생각이 와락 들면서 다시 떳떳하게 그들의 맨살을 무심한 척, 오래 봐주고 이동했어요. 세상에서 가장 자연스러운 일 중 하나가 노출인데 우리는 잘 안되고 저들은 왜 저리도 자연스러운지…. 유교적 통념에 갇혀 있는 내 편견이 좀 촌스러웠어요. 창의력마저 잃게 한 원흉이라며 투덜거리게 되더군요. 아무튼, 이번 여행이 끝나면 삶의 우선순위를 가장 가벼운 것, 가장 편한 것에 먼저 둬야겠어요.

다음 날은 40분 정도 버스를 타고 카룬섬으로 가는 해안으로 갔어요. 직선으로 보이는 작은 섬을 향해 전속력으로 달리는 배의 후미에는 거대한 물보라가 슬픈 낙인처럼 패었다, 회복됐다, 반복되었어요. 망망대해는 과거를 버리고 현재마저 지우면서 머릿속을 속속들이 포말로 부셔놓고 말더군요. 갈수록 넓어지고, 더 길어지고. 가뭇없이 무한 속으로 사라지고 싶은 충동을 못 참겠다 하는 순간 다다른 섬에는, 오래된 원시림이 거짓말처럼 나타났어요. 강렬한 햇살을 다 담아내지 못해 38도까지 절절 끓는 조그마한 섬인데 그 숲 바람이 넉넉해서인지 그렇게 덥지 않은 것이 참 신기했어요. 발바닥을 자극하는 것은 아무것도 없었어요. 모래가 채로 걸러 낸 소금 같았으니까요.
 거기까지 온 여행객은 거의 없었어요. 무인도의 고요를 잘 알잖아요. 그 정점에서 나는 갑자기 나 자신이 무서워졌어요. 그만 여기서 잠적해 버리고픈 충동에 심장이 쿵쾅거렸거든요. 도망치기 딱 좋은 곳이었어요. 육중하게 나를 누르던 평판에서 달아날 찬스. 남의 이목 없는 그곳에서 가볍게, 자유롭게, 거침없이 살고 싶은 본능이 내내 꿈틀거렸어요. 아시다시피 모험적이고 충동적인 것이 원래 내 기질이잖아요.
 망고와 스테이크, 익힌 해산물을 곁들인 맥주를 호쾌하게 마시면서 숲 그늘에서 잠을 자는 것도 이 여행의 별미였어요. 거기서는 책을 읽거나 이야기하는 것조차 특별한 경험으로 연출되었어요. 어떤 날은 현지인의 안내를 받으며 하루 종일 바다 깊은 곳까지 스노클링을 이용하여 잠수만 했지요. 무중력에 가까운, 단조로운 나날일 뿐이었는데도 현실의 너절한 것들이 한 토막씩 뚝, 뚝, 떨어져 나가, 돌아올 때는 아무것도 남아있지 않더군요.
 여행을 끝내고 돌아온 지금 가만히 돌이켜보면, 파통비치의 환락적인 소음과는 달리 고요에 감싸인 카룬섬에서의 그때가 내 삶의 작은 기폭제가 된 것 같아요. 노화의 진행에 따라 극복하기 힘든 일상의 권태를 적절히 해소했던 여행이기도 했고요. 이따금 지루함을 견뎌야 할 때나 무상한 감정이 엄습할 때가 있긴 하지만 그곳을 다시 떠올리면 삶을 새롭게 수용하거나 다르게 바라볼 줄 아는 에너지를 회복할 때가 더 많아요. 그리고 보니 순수하고 단조로운 것들이 지닌 아름다움을 깊이 바라보는 버릇도 생겼네요. 나이 듦의 불안과 혼란에서도 자연스레 놓여 났고요. 하긴 이걸 노리긴 했지만.
 어떤 여행보다도 신선한 경험이었어요. 소금간이 덜 밴 배춧잎처럼 심심한 듯 무덤덤한 하루하루의 연속, 이런 것이 안정이라는 것을 꼭 여행하고 나서야 알게 되는 것은 무슨 현상일까요.
 아, 내가 이전보 다 훨씬 어른스러워졌다고요. 남국에 한 번 더 갔다 와야 겠네요.

내게로 오는 아침

    교회 예배실이다. 손을 모은 테이블에 빨간 양피지를 입힌 성경책이 놓였다. 오래전 종교를 권하던 친구가 준 선물. 속표지에 '하나님의 계획은 반드시 이루어진다. 너는 하느님의 자녀다'라는 글귀가 있고, 글 위로 원색의 모자이크 창에서 쏟아지는 햇빛이 자랑처럼 찰랑거렸다. 웅장하고 장엄한 전자오르간은 백야의 하늘 같은 성스러운 공간을 가득 울리고, 또 울렸다.
    내가 근무하는 학교는 기독교 재단이다. 굳이 신앙심을 강요하지 않기에 가고 싶을 때 가고, 기도하고 싶을 때 기도하면 된다. 셋째 주 일요일, 예배 시간에 듣는 목사님의 설교는 구약과 신약에 담긴 불가사의한 사례들로 삶의 불가해한 기적을 풀어준다. 살아가는데 필요한 지혜는 내면의 통찰에서 나온다는 말씀이 결말구조다. 오늘은 베드로와 유다의 배신을 통해 탐욕과 욕망의 위험을 설파하는 강론이다.
    미혼 시절, 교사가 되기 전 약 3년가량을 서울 큰집에서 살았다. 가족 모두가 크리스찬으로 개종했는데, 초등학교에 다니는 두 조카는 이미 교리보다 청교도적인 검소함에 길 들어 있었다. 큰어머니를 모시고 가족 모두 예배를 보러 갈 때 나도 따라 나섰다. 성북동 언덕길 양편에 위엄 있게 서 있는 오래된 주택들을 지나고, 도심에서는 드문 숲길을 조금 더 올라가면 작은 첨탑의 교회가 나왔다. 단단한 돌벽에서 갑자기 날아오르던 비둘기 떼와 알싸한 풀 향기와 예절이 몸에 밴 사람들의 조용한 움직임들이 정화된 공기처럼 깨끗했다. 중세 세계로 이행하는 느낌이었다.

　큰집 오빠는 카펫이 깔린 긴 복도에서부터 나를 인도했다. 예배하는 방법을 보이던 두툼한 손, 그 손에 잡힌 내 두손도 모아져 예수님을 올려다보고 마음속의 기도를 표현하는 간단한 입문 절차. 눈앞에는 믿을 수밖에 없고 믿고 싶은 신의 존재가 면류관을 쓰고 대좌했었다. 열심히 기도하면 내 생의 추가 가벼워지고 원하는 직장에 다닐 수 있을지 모른다는 희망이 생겼다. 가식 없던 그 얼굴, 저 가시로 된 화관이야말로 수천 년 후에 벌어질 인류의 죄과마저 미리 탕감한 보증수표라지 않은가.

　원죄의 대가로 저렇게 커다란 헐벗음인 채 공중에 매달려 있는 그의 육체는 자신의 운명을 연민하는 것처럼 고깨를 떨구고 생각에 잠겼다. 기독교의 오랜 역사와 묵은 얘기와 피비린내 나는 과거와 현재의 기념비가 된, 죽음 다음을 걱정하지 않게 만든 불가사의한 저 존재. 저 고색이 창연한 십자가를 통과하면 없던 믿음과 신뢰를 얻고 죽음과 이별의 고통마저도 뛰어넘을 수 있다 하니.

　오빠는 직업이 성경 공부라고 할 정도로 책에 매달렸다. 얼마나 오랫동안 신의 말씀에 충실했던지, 색연필로 밑줄을 굿고 수백 번을 넘기고 넘겨서인지, 너덜너덜 다 닳아빠진 성경책이었다. 통째로 필사하고, 암기하고, 해독하는 무수한 낮과 밤, 급기야 방언이 해독되면서 하느님의 육성을 듣는 기적이 일어났다. 소문을 듣고 온 교인들이 줄을 이었다. 신도들의 귀에 하느님의 말씀을 바로바로 전하면서 안수기도로 방언을 촉진하는 산파 역할을 했다. 개인과 세속의 삶을 떠난 신의 종, 신의 일꾼인 목자의 길로 온전히 들어섰다.

얼마 뒤 오빠는 수색, 난지도의 개척 교회 목사로 부임했다. 1980년대의 수색은 쓰레기 매립장이었다. 남루하고 척박하고 소외된 땅과 다름없는 그곳에 교회를 세우고 많은 난민을 구제한다는 기사가 실렸다. 치열했던 신앙생활, 그 외길 인생이 종교인을 대표하는 지도자로 이끈 것이다.

오빠를 본 지가 꽤 되었다. 기억이 바랠 법도 하건만 동료들과 참여하는 예배실에 있다 보면 문득 그때와 꼭 같은 장면에 놓이게 된다. 부조처럼 내려다보던 예수의 형상이며 종소리, '옹색하지만 당당하게, 가난하지만 영광 되게'라는 벽면 고딕체의 문구도 흡사하다. 시대가 암울할수록 더욱 분발하자는 응원과 함께 '우리 모두 회개합시다, 아멘'이라는 멘트로 끝을 맺는 인사도 비슷하다.

회개하는 습관을 강조하는 목사님과 스스로를 증명한 오빠의 모습이 하나의 말씀이 되어 내게로 오는 아침이다. 천진난만한 큰 그릇에 담겼다가 나온 것 같은 일요일 오전이었다.

서울 별곡

나는 지금 광화문에 위치한 커피숍 이층 창가에 앉아 있다. 아주 오래전부터 기다려 온 시간. 서울에서 조용한 카페에 앉아 있는 것, 두려움이나 걱정 없이 음악을 듣는 것, 그것을 일 순위로 꼽았던 때가 있었다.

30년도 더 된 청춘의 어느 한때, 20대 중반의 3년 동안은 오직 서울살이만을 목표로 했다. 취업을 위해 혼신을 다했다. 그러나 모든 곳에서 낙방했고 불문곡직 낙향해야 했다. 지방대학교 사범대학 교직 과목들은 적성에 맞지 않았다. 진실하고 본능적인 욕망을 존중했던 그때의 나는 누군가에게 무엇인가를 설명하고 가르치고 교화하는 일에는 흥미가 없었다. 자유로움을 추구하면서 고갈되지 않는 충만감에 빠져들고 싶었다. 그때는 지금보다 교사 자리가 많고 웬만큼 공부하면 취업하는 것이 그리 어렵지 않았다.

그러나 나는 언론계통에 종사하고 싶어서 대학을 졸업하자마자 순탄한 길을 버리고 굳이 상경했다. 끊임없이 입사서

류를 넣었으나 곳곳에서, 매번, 전부, 다 떨어졌다. 하다못해 이름도 없는 작은 출판사에서조차 지방 사투리가 심하다는 이유로 최종 면접에서 떨어뜨렸다. 도대체 글하고 말하고가 무슨 상관이 있길래. 비겁한 서울이었다. 춥고 서러웠다. 조선일보, 동아일보, 교보빌딩, 종로서적이 밀집한 광화문 거리를 배회했다. 비현실적인 거리요, 도전조차 불가능한 철옹성을 사랑한 것에 화가 났다.

무성한 여름과 불안한 가을이 흘러갔다. 3년 차 초겨울은 때 이른 눈바람까지 겹쳐 성탄분위기가 성큼 당겨졌다. 케롤과 눈꽃과 연인들의 다정한 눈길로 넘치는 거리였지만 내가 생각하고 원하는 것들은 힘과 아름다움의 파도에 떠밀려서 나와는 다른 방향으로 가는 것 같았다.

네거리에 선 채 향방을 가늠할 수조차 없는 혼란과 연민에 싸였다. 건강을 잃고 서울과 나 사이에 그어진 명백한 선을 확인하고 자포자기했다. 나와는 기질적으로 맞지 않는 곳이라고, 나의 궤도를 미묘하게 누군가가 조정하는 것이라는 미신적인 논리를 부여한 채 낙향한 뒤 지금까지 살아왔다.

그때 내가 정말 하고 싶었던 것이 세종문화회관 세종홀에 드나드는 일, 퇴근길과 휴일에 카페 같은 데서 한가로이 앉아 있는 것, 음악을 듣거나 책을 보는 지적인 사치, 전시회장에서 비슷한 취향의 사람들과 대화를 나누는 작은 기회였을 뿐일까.

이방인에 불과했을지라도, 지금은 없어진 종로2가 '레드옥스', 독일식 카페의 고급스러움에 취하고, 괴테가 즐겨 듣던 모차르트를 들을 때의 가슴을 치고 올라오는 그 어떤 감명 같은 것을 찾자고 했던 것은 아닐까. 문화와 일상의 궤도에 진입하기 위한다는 것은 단순한 욕망이었을 뿐, 서울과 내 욕망사이에 드리워진 희미한 장막을 걷어내고 싶었던 것이다.
 그랬던 그 서울을 요즘은 빈번히 왕래한다. 그때처럼 먹고 사는 문제 때문에 쫓기는 것도 아니고 특별한 볼일이나 해결할 문제가 있어 오가는 것도 아니다. 딸과의 만남, 애틋한 해후와 동시에 음악회나 전시회, 박물관과 고궁 나들이를 겸한 목적으로 간다. 현대미술관, 덕수궁, 특히 예술의 전당의 전시회와 음악회에 가는 것이 최고의 낙이다.
 그런데 이상한 것은 그때 그렇게 원했던 이 일이 지금은 전혀 갈증이 일지 않는 것이다. 논바닥 갈라지는 그 목마름이 더는 생기지 않는다는 것이다. 단 한번도 없었던 서울과의 의견일치가 최근에는 연속으로 동시다발로 일어나고 있는데도.
 그런 중 오늘은 세종홀 연주회에 왔다. 저녁 8시 구스타프 말러의 음악을 듣고 진주로 내려가면 그만인 스케줄이다. 카페는 3층까지 이어져 꽤 넉넉한 공간이다. 빵과 쿠키와 종이컵에 담긴 뜨거운 커피를 사 들고 이층으로 가던 중, 창가에 난 자리가 있기에 자빠질 듯 서둘러 가서 앉았다. 밖을 향해 배치된 폭이 좁은 긴 테이블은 유리벽이 이마에 닿을 정도로 가까이 마주해서 옆에 사람이 와 있어도 오로지 혼자만의 공간처럼 독립되었다.
 젊은이들이 큰 소리로 웃고, 아이들이 오가고, 그윽하게 마주 보는 연인들도 있지만, 그 어떤 사람도 옛날의 나와는 동질의 사람으로 보이지 않는다. 또 지난 날의 상처와 잔해 같은 것을 껴안고 있는 듯한 사람도 없다. 떠오르는 옛 생각으로 부서지는 마음을 애써 붙들고 있는 이도 없다. 넓은 홀 안에 구속감을 느끼게 하는 것은 아무것도 없다. 그럼에도 내가 무슨 별종이라서 낙인이 찍힌 듯한 기분이 드는 것은 무슨 자격지심일까.

처음 아이가 표를 예매했을 때 나는 기뻤다. 이렇게 음악을 듣거나 전시회 관람을 할 수 있는 생활권으로 진입했다는 사실이 믿기지 않았다. 더욱이 세계적인 큰 음악회를 초대권이나 남이 준 표로 입장하는 것이 아니라, 내 스케줄에 맞추어 몇 달 전에 미리 예매해서 거금을 들여 간다는 행위에 고무되었다.

이런 일련의 심리 과정과 나의 지난한 과거를 아이에게는 시시콜콜 다 얘기하지는 않는다. 필요이상으로 신중했고 경직된 시절이었다고 솔직하게 털어놓지도 않는다. 말러의 전악장을 인내심을 갖고 듣기 위해서라도 약간의 휴식과 절제가 필요하고 아이와 하등 관계없는 까마득한 옛이야기를 잘 풀어낼 자신도 없거니와, 또 내가 낳고 키운 아이지만 저는 겪지 않은 내 젊은 날의 행적을 논리적으로 파고 들 성정을 잘 알기에 쥐도 새도 모르게 가슴안에 구겨넣는다.

이게 웬 호사인가 하면서 홀 안을 둘러보았다. 낙향할 때 그토록 낙담했던 그 서울에게 시차를 뛰어넘은 이제와서 다 늙어 빠진 나를 환대하는 이유를 캐묻고 싶었다. 아이러니, 무관심, 혹은 비꼼이냐고 따져보려는데 또 속이 문드러졌다. 그래, 굳이 취직하지 않아도, 자격증을 따지 않아도, 돈만 내면 모든 것이 가능해 진 서울을 받아들이자. 30년 전 지체 높아 보이던 그 고상한 권리가 돈이면 다 되는 이런 시스템이 설령 매관매직과 흡사한 것일지라도 그저 즐기기만 하자.

그러나 내 아무리 유리하게 받아들여도 무작위로 허용하는 헤픈 이 서울이 못내 시시해서 견딜 수가 없었다. 그것만이 아니라 죽으라고 매달렸던 선망의 어떤 대상이 한순간 무가치하게 전락한 기분까지 들어서 아무런 호기심도 동경도 더 이상 일어나지 않는 내 욕망이, 내 삶이 삭제당한 것 같아서 못내 씁쓸했다.

　광화문을 호령하는, 그때나 지금이나 자신감 충천한 이순신 동상을 바라보았다. 세상이 개방적이면 개방적일수록 지식과 문화가 쏟아지면 쏟아질수록 더 큰 상실감으로 허우적거릴 내 안의 컴플렉스와 작별하면서 카페를 나왔다. 아직 공연시간이 일러서 어디로 갈까 하다가 안국동 쪽으로 방향을 틀었다.

일몰 예찬

    오후 6시, 완전히 해가 졌다. KBS클래식 FM '세상의 모든 음악' 시그널 곡인 콜린 블런스튼이 부른 'Tiger in the Night(밤의 호랑이)'가 어김없이 흐르고. 삶의 일부가 된 저녁의 음악은 내가 있을 곳에 와 있다는 안도감을 준다.
    우연히 제대로 된 낙조를 봤다. 짐작건대 백두대간이 끝나는 지리산 영신봉쯤 되었다. 노을이 사방팔방으로 뻗고, 오르고, 퍼지고, 번지다가 층층이 스미고, 밝히고, 태우려는, 천연의 빛들이 해를 에워쌌다. 무쇠를 녹이고 굳혀서 다시 불을 부어 녹여내 뜨겁고 무거운데도 태연자약 무심한 불덩어리가 옥녀봉, 금오산, 와룡산을 향해 텅, 텅 내려왔다. 마지노선, 낙남정맥 능선에서 머문 듯 접고, 접고, 반 접더니 미끄러진 듯 뜬금없이 꼴깍 삼켜졌다. 강도 산도 섬섬한 어둠살에 묻혔다.
    문득 몽골에서 본 일몰이 겹쳤다. 모든 것에 품을 열고 모두를 품어 줄 것 같았던 광활한 대지는 야생화가 지천이었던 초원을 지나 까마득한 지평선으로 이어졌다. 고대의 산맥과 칭기즈칸이 달렸을 야망의 길과 고비 사막의 모래 언덕과 협곡과 협곡을 관통하던 긴 강물이 석양빛에 반사되었다. 지는 해의 후광이 뜨는 해의 전조만큼 명예로운 신의 땅이었다.

인간은 수백만 년 동안 포식자들에게 쫓겨 다녔다. 사자와 맞닥뜨리고 늑대에 쫓기고 독사로부터 도망쳐야 했다. 포식자들도 잠자리에 돌아가야 하는 저녁이 되면, '오늘 하루도 무사히 넘겼구나' 안도의 한숨을 내쉬었다. 그때 눈을 들어 쳐다본 일몰은 얼마나 아름답고 경이롭고 편안했을까. 그 기억이 오랜 세월에 걸쳐 내 유전자로 각인됐다.

어느 해 대선 때 '저녁이 있는 삶'을 공약으로 내 건 정치인의 구호도 이런 저녁에 대한 아쉬움을 반영한 것이고, 밀레의 '만종'도 노동 끝의 안식과 황혼녘의 기도로 인간이 얼마나 자연에 밀착된 존재인가를 그렸다. 비행기 조종사였던 생텍쥐페리는 비행 도중 만난 일몰의 경이로움을 '완벽함이란 더할 것이 없는 상태가 아니라, 더 이상 뺄 것이 없는 상태를 말함이다.'라고 그의 소설 「야간비행」에 피력했다. 초인간적인 덕성을 쌓기에 이만한 시간이 어디 있을까.

인생은 춥다. 더 늦기 전에 촉수 낮은 불빛과 질화로가 있는 자기만의 집에서 일몰을 맞는 것이 좋겠다. 빈 가지로 겨울을 견디는 마당의 나무처럼 있는 곳에서 평온을 구하자. 쫓기지 않는 눈과 마음에 들어오는 오늘 저녁의 일몰은 또 얼마나 황홀할지.

아! 지리산

　드라마 '지리산'을 봤다. 스토리는 차치하고 한반도 남쪽에 우뚝 솟은 거산의 진면목을 제대로 담았다. 세상에서 제일 잘 난 산의 실체가 천하에 알려지는 단초가 분명했다.
　젊어서 한때, 지리산을 추앙했던 나는 내 삶을 지리산에 다 맡기고 싶을 때가 있었다. 천왕일출, 반야낙조, 연하선경, 노고운해, 직전단풍, 세석철쭉, 벽소명월, 불일폭포, 칠선계곡 찾아서 때로는 바람처럼, 때로는 부평처럼, 산꾼들에게 얹혀서라도 지리산에 갔다. 비에 젖어 완주한 반야봉, 수풀에 떨어진 바늘도 찾는다는 벽소령 달빛에 원없이 취해 봤다. 동서 길이 45㎞, 삼도 오군 골골을 온몸으로 걸어 낸 그 육산을 TV를 통해 다시 본다는 사실이 꿈 같았다.
　천왕봉으로 가는 길은 수없이 많다. 거림골 힘찬 물길 따라가는 길, 한 서린 의신길, 피아골 붉은 길, 화엄사

수행길, 성삼재 하늘 같은 노고단길, 뱀사골 화개재 야생화와 오르는 길, 백무동 하동 바위 마음먹고 가는 길, 추성리 칠선계곡 신선처럼 오르는 길. 모두가 천왕봉을 향한다.

전라남도 구례읍 화엄사에서 시작된, 노고단 동쪽으로 뻗어간 주능선은 임걸령, 화개재, 연하천, 벽소령, 세석고원, 장터목, 천왕봉을 잇는 종주 구간이다. 60㎞, 긴 척추 마디마디 형제봉, 칠선봉, 촛대봉, 삼신봉, 영신봉, 제석봉이 강림한 신선처럼 우뚝우뚝 솟아있고. 숲과 계곡들이 상생하면서 임걸령샘, 총각샘, 선비샘, 세석샘, 천왕샘 맑은 물을 쉼 없이 솟게 하니, 긴 종주길 물 걱정 안 해도 되는 산이 지리산이다.

그 지류마다 담대한 폭포들과 옥빛 담소들이 수림창창 전설처럼 나타난다. 한여름 구룡폭포, 무재치기폭포, 칠선폭포, 기내소폭포, 용추계곡 장대한 물줄기는 세속의 소리들이 얼마나 왜소한지 돌아보게 된다.

천왕봉의 백미는 끝없는 전망과 영발에 있다. 영적 기운들이 운집해 있는 북쪽으로 덕유산 향적봉, 남덕유산, 백두대간 능선과 가야산. 동쪽의 밀양 운문산, 양산의 원효산. 남쪽의 광양 백운산과 사천의 와룡산. 다시 서쪽으로 무등산, 월출산, 팔영산 부드러운 능선들이 굽이치고 물결친다. 그러므로 천왕봉 정상의 영발은 최선의 선택과 최선의 행위로 최고봉에 오른 이가 받는 영산의 선물이다.

지리산은 진주의 영혼이다. 드라마로 담아낸 지리산의 사계가 전 세계 안방을 차지하는 상상을 했다. 또 다른 한류를 예고하는 지리산과 시대의 조류처럼 도래할 진주의 문예부흥을 기대하면서 보았던, 드라마 지리산이었다.

진주 중앙시장

유등축제 마치니 서울 손님들 "제일식당 가자"고 먼저 재촉했다. 줄 서서 기다린 뒤 육회와 육회비빔밥, 가오리 회무침을 양껏 시킬 때 손사래 쳐놓고 살살 녹느니, 이런 맛 처음이니, 비린내가 왜 없냐니 하면서 싹 다 비웠다. "내일은 진양호에 갔다가 하연옥 냉면 먹자" 권하니 "시장 구경 더 하고 수복빵집도 가자"는 말에 어린 시절 기억이 문득 떠올랐다.

풍부한 물산과 교역으로 진주는 시장이 번성했다. 중앙시장, 천전시장, 서부시장 말고도 문산장, 수곡장, 미천장, 반성장, 대평장, 대곡장이 세력을 떨쳤다. 18세기 무렵, 중앙시장 위력이 전국 5위 안에 들었다는 기록을 보고 부강한 진주가 어제오늘 일이 아니었음을 알았다.

어릴 때 거상(巨商)이었던 아버지는 미곡과 농산물을 취급하는 여러 채의 점포로 눈덩이처럼 재산을 불렸다. 전국의 보부상과 인근 상인들이 부지런히 드나들고, 외지에 나가 벌어 온 돈 푸대는 세다세다 날이 샜다. 자연히 음식문화, 대접 문화, 영화예술 공연문화 가까이 보고 컸다. 화려한 묘기의 동춘 서커스와, 진주 소싸움. 오일장 파한 뒤 대형 스크린 흑백 영화를 일찍이 접했다. 술 좋고 사람 좋아해서 봄 도다리, 가을 전어 아니라도 철철이 동네잔치 벌였다. 그때가 시장통의 전성기였다.

여행 중 시장을 살려서 축제문화 성공한 장소들 보았다. 도쿄 도리노이치 축제와 아메야요코초 시장, 삿뽀르 눈꽃축제와 오타루 운하, 칭다오 맥주 축제와 신안(辛安)시장, 대만의 연날리기와 라오허제 시장, 푸케 배지테리안 축제와 바통 비치가 그랬다. 우리도 이런 축제 있었으면 했다.

오랜만에 둘러본 시장 안은 겨울 배추들이 넘쳤다. 지금은 없어진 대안동 뒷길에 칠성식당 김치 백반집 떠올랐다. 퍼등퍼등 산 배추를 간 절여서 갖가지 소를 넣고 버무린 다음 쭉쭉 찢어서 생굴이나 호래기를 넣어서 쌀밥과 내놓았다. 어릴 때 김장김치 떠올리는 맛이었.

그때는 품앗이로 100포기 500포기씩 너끈히 해내고 뜨끈하고 섬섬한 돼지수육을 통으로 썰어서 막걸리를 말술로 돌리기도 했다. 누군가 술기운에 흥얼거리던 이난영의 목포의 눈물이 서러워질 즈음 동짓달 교교로운 달빛이 흐뭇하게 내려왔다.

번영과 쇠락을 거듭하면서도 진주를 지킨 중앙시장이다. 앞으로 더 큰 축제가 될 것 같은 기대로 시장통을 나오는데 장작불 피워놓고 늦게까지 호객하는 소리가 죄책감처럼 따라왔다.

백수의 여왕

 백수건달이라는 말이 있다. 주로 '돈 한 푼 없이 빈둥거리며 놀고먹는 건달', 혹은 '남에게서 빼앗거나 요구한 금품으로 잘 차려입고 다니는 남자'를 일컫는다. 일제 강점기 때는 말과 행동이 다른, 나약한 지식인을 비꼬아 부르기도 했으나, 요즘에 와서는 돈도 있고 시간도 있어 놀면서 즐겁게 사는 이를 백수라고 한다.
 국어교사 34년 동안의 교직 생활을 끝냈다. 그러니 나도 이제 백수가 된 셈이다. 요만큼도 서두르거나 급한 일 없이 물 쓰듯 시간을 펑펑 쓰고 논들 남들의 빈축을 살 일은 없다. 아무 때나 무엇이든 할 수 있기에 바쁜 시간에 일하는 친구를 찾아가 훼방을 놓을 수도 있고 대낮에 음악만 듣거나 영화를 보다가 잠들어도 그만이다. 하룻밤 동안 수 킬로를 건더라도 다음 날 일어나고 싶을 때 일어나면 된다. 무엇보다 상사가 부르면 냉큼 달려가지 않아도 되고 말하고 싶은 것만 말하고 가기 싫은 데는 안 가도 된다. 엄청난 특권을 거머쥔 것이다.
　그런데 이런 백수로 산다는 게 그리 쉬운 일이 아니다. 정해진 목적이 있어 왔다 갔다 바쁜 것 같아도 딱히 손에 쥘 실속이 있는 것도 아니고, 야무지게 처리한 일이라도 좀체 생색이 나지 않는다. 허구한 날이 휴일이라 일요일과 공휴일을 기다리는 열정도 없어지고. 일주일의 절반을 넘긴 수요일의 안도와 금요일 밤의 흥분도 사라졌다. 모든 요일이 표백이라도 한 듯 한결같은 평일이고, 오늘도 내일도 즐비하게 늘어선 휴일, 또 휴일이다 보니 급기야는 시간이 멎은 듯한 착각이 들면서 무기력해진다.
　축 처졌던 어제는 잘 살던 집에서 갑자기 퇴거당해 세계의 변두리 혹은 몰락의 문지방에 걸터앉은 것 같았다. 그렇게 끊어내고 싶었던 조직의 통제와 명령의 사슬들이 내게 더 어울린 옷이었다는 생각을 하면서 영화 '쇼생크 탈출'을 다시 보았다. 오랜 감옥 생활에서 풀려났지만, 그곳이 그리워 다시 귀환하려던 모건 프리먼과 내 처지가 비교되었다. 나 역시 종 치면 들어가고 종 치면 나와야 했던, 일명 '종살이'를 하도 오래 한 나머지 공백의 여유, 시간을 음미할 줄 아는 스스로의 선택권이 완전히 퇴화된 것 같다.
　백수의 가장 큰 기쁨은 백지수표 같은 일요일, 일요일이란 일요일은 다 가진 데 있다. 수표를 남발하면서 텅 빈 얼굴과 태평스러운 거동으로 살아도 되고 애면글면 쪼개며 좁쌀처럼 살아도 된다. 일없이 빈둥거리는 나를 붙들고 콩팔칠팔 따질 이도 없겠거니와 과로사할 정도로 바쁘게 다닌들 굳이 해명하거나 실득할 이유도 없다.
　그럼에도 마음 한편이 허허롭고 언뜻언뜻 불안해지는 이 실체가 궁금해서 선배 백수들에게 물었더니 조직의 쓴맛을 본 사람들이 겪는 일종의 질환에 가까운 증상이라는 말에 모처럼 크게 웃었다. 어쨌든 백수의 목적은 즐거움에 있으니 떠들썩하거나, 조용하거나, 사치스럽거나, 조촐하거나, 유행을 따르거나, 따르지 않거나, 글을 쓰거나, 그림을 그리거나 간에 나름대로 즐겁게 살면 된다는 것이 이구동성 해답이었다.

노는 것도 즐거움을 찾는 일에도 서툰 나로서는 공감하기 어렵긴 하지만 예술과 철학과 자연을 관조하는 즐거움에 빠진, 고품격 백수로 산다면야 그보다 더 좋은 일이 어디있을까. 소소한 취미라도 생겨 건강한 관계를 가볍게 이어가면서 하루의 의미를 채워간다면, 넘치는 돈과 시간을 주체하지 못해 방탕하고 불성실하게 일생을 보내는 졸부들에 비하면 훨씬 나을 것이다.

초고령 사회로 접어든 지금, 연금 백수들이 대거 늘어나는 추세다. 온갖 분야에서 부상하는 시니어 문화를 주도하는 백수 아닌 백수들, 나같은 은퇴자를 겨냥한 상품들이 매일같이 쏟아진다. 천직이 백수였다는 듯 잘 노는 사람, 직장 일로 접어두었던 재능을 닦는 데 열심인 사람, 섬세한 정신이나 감수성을 고양시켜 저작이나 강연, 블로거, 유튜버로 화려하게 비상하는 이들도 적지 않다. 이들로 인해 과거 '놈팡이'라 싸잡아 경원시 당했던 백수의 격이 한층 높아졌다.

이 세상에 와서 내가 할 수 있는 일은 일단 마친 셈이다. 지금부터는 나 자신부터 가장 먼저 챙기고 싶다. 백수 생활에 필수인 건강부터 챙기고, 시간을 챙기고, 관계의 보폭을 좁히거나 넓히면서 주변을 정리부터 할 일이다. 그러기 전에 반드시, 무한정 쇼파에서 뭉그적거리면서 천년만년 살 목숨처럼 한동안은 아무것도 안 하고 싶다.

그렇게 '세월아, 네월아 너만 가거라'를 읊조리다 보면 늘 그막일지라도 백수의 여왕이라는 타이틀을 거머쥘 만한 큼직한 즐거움을 발견할 지도.

후광

    2002년 늦여름, 중국 산동성에 큰 아이를 유학 보냈을 때의 일이었다. 알고 보니 유학생 브로커였던 p여사의 파산으로 아이의 거처를 옮겨야 했다. 이레가 지나면 바로 추석이었지만 급하게 비행기를 탔다. 칭다오에 내리니 여름도 끝나가고 밤공기는 벌써 가을을 품고 있었다.
    그때 중국은 우리의 80년대처럼 국가 통제 속에서 건축 붐이 일고 있었다. 도심 곳곳에 대단지 주택을 건설하는 중이었다. 물가뿐만 아니라 집값이 놀랄 정도로 쌌기 때문에 새집을 얻는 것이 아주 어렵지 않았다. 그러나 신축 아파트는 속 빈 강정이었다. 겉모습은 그럴싸했지만, 유리를 끼워 만든 갓등은 반경의 어둠만 걷어낼 뿐 침침했고, 방문의 손잡이가 홀렁 빠지기도 했다. 욕실 타일도 변기도 손 닿으면 부서지는 통에 곤혹스러웠다.
    속수무책한 곳이 한두 군데가 아니었다. 비포장 인도를 낀 상가들은 두부모처럼 천편일률적으로 작고 낮고 조잡했다.

천정부터 외벽까지 의미 없는 패턴과 똑같은 색깔들을 덧발라 놓았다. 늘어선 음식점은 싸구려 비즈로 엮은 발 사이 사이에 낀 새까만 먼지가 국가의 발전과 개인 삶의 간극이 얼마나 벌어져 있는가를 여실히 증명했다.

다행히 지인으로부터 소개받은 조선족의 도움으로 단독주택을 따로 볼 수 있었다. 남편의 발령으로 대만으로 빨리 가야 하는 집이었다. 내 또래 젊은 여인보다 구순 가까운 노부인이 모든 걸 주관했다. 가구나 물건들을 선택해서 쓸 수 있으나 손상되면 보상해야 하는 조건을 턱없이 내세웠다. 시간에 쫓기는 나로서는 이만한 집을 다시 구하기가 쉽지 않을 성싶어 마음이 급해졌다.

저무는 해를 초조히 재면서 둘러본 집은 신흥 주택단지였던 활발한 바깥 건축경기와는 크게 달랐다. 무겁게 정렬된, 중국 세습 부자들의 양식이 그대로 보였다. 흑단 같은 마룻바닥, 페치카, 빳빳한 시트, 엔틱 가구들 모두가 생각에 잠겨 있는 것처럼 무거워서 접근하기 힘들었다. 기둥뿌리까지 광채가 날 것 같았다. 버거웠다. 그나마 컴퓨터와 피아노가 놓인 방에는 줄기줄기 달빛이 두 개의 창문을 통해 마구 쏟아져 들어왔고, 뒷마당이 훤히 보여서 정이 갔다. 셀 수 없는 옹기들, 큰 항아리마다 기름을 먹인 초저녁 달빛이 줄줄 타고 내렸다. 알라딘의 램프처럼 사물의 모든 것을 도취시키는 밤이었다.

언뜻, 노부인의 한 쌍의 작은 발이 들어왔다. 무슨 일이든 원하기만 하면 척척 해치우면서 살아왔을 여걸다운 외모와는 전혀 다른 발이었다. 숨이 멎고 심장이 튀어나올 것 같았다. 작은 발만 보유한다면 얼굴이 곰보라도 시집갈 걱정을 하지 않았다던 전족에 얽힌 이 나라 내력이 바로 앞에서 쿵

쿵 걸어오고 있었다. 그러고 보니 거실 벽에 걸린 가족사진 속의 고전적 여인들이 모두 전족이었다. 파랑, 자주, 붉은 색 색의 공단으로 화려하게 휘감은 복색의 맨 마지막, 통 넓은 바짓자락 끝에 드러난 전족 신발은 여인의 예쁜 발을 감싼 것이라기보다 인생을 통째로 결박한 딱딱한 도구, 혹은 덫이나 그와 흡사한 흉기처럼 보였다. 오싹하고 섬찟했다.
　전족은 중국의 오랜 전통이었다. 상류층 집안의 여자들에게서는 결혼의 필수적인 조건이기도 했다. 가문의 후광을 업거나, 안락하고 대접받는 영광을 선택하는 여인들은 전족을 자처하기도 했다다니까. 때로는 강요당하는 소녀들은 본성을 억누르고 사람다운 삶은 포기해야만 보장되는 행복이었다. 소녀기의 고통을 혹독하게 견딘 대가로 남성 위주의 성적 취향과 당대 사회가 추구하는 미의 기준에 부합한 삶을 선택한 여인들과, 가차 없이 매몰된 여성 인권의 유린 같은 것 따위는 안중에도 없었을, 서슬 퍼런 집안의 권력 구도가 공포스럽게 와닿았다.
　통한에 얼룩진 여인들의 마성이 집 벽 곳곳에 갇혀 있는 것만 같았다. 인간 생명과 죽음에 무감하고 슬픔과 눈물과 연민에 둔감한, 비정상적인 삶을 살아왔을 것이라는 선입견에 휩싸여서인지 노부인 옆에 있는 것이 진짜 무서웠다.
　계약을 포기하고 황망히 뛰쳐나오는데 무주공산 걸린 달이 눈썹을 치켜세우고 '네가 뭘 알아!' 하면서 날카롭게 항의하는 것 같았다. 황홀했던 그 달빛은 오간 데 없고 허둥대는 내 뒤꿈치를 노루발 같은 뭔가가 소리를 내면서 자꾸 쪼아대는 것만 같은데, 죽으라고 뛰어도 길고 긴 밤길은 그 자리였다.

백건우와 글

피아노 소나타 '월광'이 흐르는 거실 통창에 소낙비가 퍼붓는다. 황홀한 월광, 봄비의 가세. 며칠째 벙글어지려던 호접란이 빗속에서 꽃을 피웠다. 고요한 이밤에 비와 봄과 꽃과 백건우가 흑백의 건반 위에서 물결치듯 여울진다.

노년의 백건우는 피아노로 대중들과 부단히 수정되고 변주되었다. 그의 연주를 통해 기쁨을 누리는 청중이 늘면서 자비와 헌신에 도달한 선율이라는 평을 얻었다. 고통에 가까운 연습을 하다 보면 자기가 자기를 극복하는 경지에 오르는 모양이라는 언론의 극찬이 쏟아졌을 때, 노익장의 집념이 외국에서 본 악성의 동상처럼 크게 느껴졌다.

최근에 나는 거의 글을 쓰지 않는다. 홀로 앉아 심각하게 책을 읽은 지도 오래 되었다. 동서고금을 통틀어 가장 가치 있다고 여겨지는 작품들을 읽고 마치 내 인생을 책에 집어넣을 듯이 구겨진 채로 잠든 적도 많았지만 그러나 지금은 잘 읽지 않는다. 아무리 두꺼워도 읽던 책을 마저 읽으려고 갖고 다니던 습관도 없어졌다. 나이 때문에, 잡념 때문에 못 읽는다는 변명을 상용구처럼 달고 산다.

  게으른 나는 건강만 믿고 좋은 세월 다 보냈다. 나이를 생으로 삼키면서 책 한 권 내놓지 못했다. '지금보다 좀 더 편하면, 이 일만 해결되면', '조용할 때, 제대로'라면서 미뤘다. 나중이 지금보다 편할 것이라는 장담은 뭘 믿고 했을까. 홀로 앉아 밤낮으로 쓰거나 뭔가에 빠져들던 그때가 가장 젊고 건강 했었다. 어제, 오늘같이 연속으로 몸이 힘든 밤은 그때와 같은 광적인 상태, 그 외로운 상태, 그 덧없는 상태로 돌아가고 싶지만 초조만 더할 뿐 의지만큼 안된다.

  수필은 힘든 글이었다. 글과 행위가 불일치하면 죽은 글이 되는 수필의 특성이 내게는 감옥 같고 족쇄 같았다. 독자가 공감하지 못하는 글은 아무리 편수가 많다고 해도 대접받지 못하는 것을 보았다. 남의 일기처럼 와닿지 않는 글을 세상에 던져놓기만 했을 뿐, 섞이지 않은 물처럼 독자들의 삶에 용해되지 않는다면 자유로운 권리를 잃은 노예와 같이 굴종적인 글밖에 더 되겠냐는. 죽은 생명체를 껴안는 것 같은 기분을 떨칠 수 없었다.

  스스로도 만족 못하면서 감히 문학이라고 이름 붙여 세상에 내놓을 용기가 없었다. 이삼 년에 몇 권씩 작품집을 쏟아내면서 음악경연처럼, 체육대회처럼 일등을 지향하는 행위 자체가 두려웠다. 훈장처럼 치렁치렁한 수상 경력, 활동 이력을 펼쳐놓은 채, 제 격을 스스로 높이면서 작가 누구누구라느니, 수필가 누구누구라는, 허상에 불과한 호칭으로 이름 석 자 버젓이 박은 명함을 악수하듯 쉽게 내미는 이들을 본 날은 왠지 씁쓸하고 허허로웠다.

  무언가를 억지로 늘어놓거나 둔갑하지 않은 글, 기교 없는 글, 반듯한 글, 울림을 주는 글, 사회의 불만과 부조리를 작심한 듯 벼르고 쓴 글, 그런 글은 유행하는 수필로는 다루기 어렵다. 고백적인 문체에 지나치게 충실한 나머지 고백을 넘어 자백이 되어버린 글들, 괜한 반성이나 소풍 갔다 온 감정만 확대된 글을 읽은 날은 어렴풋한 슬픔이 떠나지 않았다.

뜨끈한 아랫목 같은 글, 인생에 실패했을지라도 철학이나 신념이 묻어나는 글, 실존의 본질을 휘갈기듯 단숨에 쓴 글, 더러는 설움 같고 상심 같아서 결말부터 먼저 읽고 싶은 글. 두고 두고 다시 읽히는 그런 글에는 세상의 위험으로부터 자신을 보호할 수 있는 여과장치 같은 건 아예 생각조차 않는 작가정신이 느껴져서 존재의 심원에 연결되는 것 같았다.

카프카도 웃어주고, 도스토옙스키도 끄덕여 주는 글. 솔제니친, 베이컨, 릴케, 니체, 나쓰메 소세키. 윤오영, 백석, 서정주. 박경리의 '버리고 갈 것만 남아 차라리 홀가분하다' 같은, 그렇게 생명의 본질에 맞닥뜨린 글. 역사의식, 소명의식, 나아가 운명과 숙명에 천착한 글과 비슷한 글을 발견한 날은 존재적 가치와 풍요를 느꼈다.

글이 투쟁이고, 글이 생업이고, 글이 직업인 작가의 글에는 지속적인 행복과 불행이 회전문을 여닫을 때처럼 한 끗 차이로 공존한다. 소용돌이의, 비어 있는 부동의 중심처럼 개인이 곧 사회가 되어 진보의 축을 이룬다. 지성으로 사회를 진일보하게 만드는 글이 진짜 글이 아닐까. 백전노장의 백건우, 그 압도하는 카리스마로 달관의 경지에 오른 저 음반처럼, 담담한 호의를 보일뿐이라는 듯 태연한 저런 실력처럼.

이 시대의 백건우를 최고의 피아니스트로 만든 압권이 된, 월광이 무한대의 폭발음, 거대한 빅뱅이 되어 거실을 관통한다.

타인 속의 나

어렸을 적에 나는 언젠가 노인이 될 것이라는 사실을 실감하고 극도로 불안했다. 그렇다고 내 모습 그대로 남고자 하는 욕망을 가질 나이도 아니었다. 그것은 그때 우리 집을 찾아온 아재뻘 되는 먼 친척의 모습 때문이었는데, 거기에는 인간이 지녀야 할 명예스러움이라곤 조금도 없고 그 대신 소름 끼치는 다른 무엇이 있었다.

집안의 연장자이기도 했지만, 선산이나 조상 제례 등을 모두 책임지던 아버지에게 늘 있는, 참고 견뎌온 노송 같은 깊이가 안 보였다. 고독을 의지로 극복한 자기와의 싸움 같은 것도 안 보였다. 생로병사를 받아들이는 태연함은 더욱 안 보였으니. 무능에서 야기되는 무기력한 노후가 얼마나 곤혹스럽고 공포인 것만을 보일 뿐이었다.

2008년, 작가 김수현의 '엄마가 뿔났다'라는 드라마가 있었다. 평생을 만년 주부로 살던 김혜자가 돌연 독립을 선언하고 집을 나갔다. 가부장적인 시아버지 이순재의 적극적인 조력이 파격적이었다. 더 큰 사건은 집안에서 최고의 어른으로 존중받는, 아버지 그 이순재와 혼자 살아가는 미모의 미망인 전양자와의 연애였다. 두 스토리를 축으로 대가족의 갈등과 일상의 다양한 에피소드들이 우당탕 벌어졌는데, 대단한 반향을 불러 일으켰다. 백상예술대상, 여우주연상, 조연상, 드라마 OST 등 모든 상을 휩쓸었다.

　드라마는 변화의 예견이었다. 개인으로서의 삶을 쟁취하는 중년의 김혜자와 노인들의 사랑과 질투는, 지금까지 우리 사회가 백안시했던 중년이후부터 개인적인 삶을 어떻게 살아야 하는지 방향을 제시했다. 노인 그 자체가 빈축의 대상이고, 애정은 추하거나 우스꽝스러우며, 성적 표현은 혐오스럽고, 폭력은 가소로운 것으로 홀대했던 기존의 인식을 파괴했다.

　능력 있는 노년이야말로 인생의 황금기였다. 자유롭고 당당하고, 독자적인 선택과 자신을 책임지면서 자녀로부터 독립, 질병으로부터의 해방을 통한 멋진 인생 제 2막을 펼칠 수 있는 가능성을 제시했다. 오늘날 도래한 시니어 문화를 예견한 작가의 안목이 대단했다.

　드라마를 보면서, 비로소 어릴 때의 그 공포가 무엇에서 왔는지 감지되었다. 이미 옛날 같지 않은 나, 더 이상 젊지 않은 나, 더 이상 아무도 봐 주지 않는 나를 어떻게 할 것인지 모른 채 나이를 먹게 되는 불안과 공포였다. 버나드쇼의 '우물쭈물 하다가 이리될 줄 알았다'던 묘비명처럼 내 인생도 별 볼 일 없는 얼굴로 늙어갈 것이 자명했다. 타인의 얼굴이 문제가 아니라 내 노후의 문제가 타인의 얼굴속에 있었던 것이다.

　그러나 그때 간과한 것은 60이 넘은 지금 늘 따라다니는 감정의 변덕스러움과 그때보다 더 소름 끼치는 '무'의 개념이었다. 어떤 면에서는 나를 안심시키는 '무'이긴 하지만, 아무런 문제도 제기하지 않는 무에서 존재하지 않는 존재로 취급되는 무의 상태는 죽음보다 더 비참하게 다가왔다.

'무' 속에서 의식하지 못하는 허무를 느낄 수 있는 것은 오로지 지금의 유에서 가능한 것이며, 더 나아가 죽음이라는 소멸 속에서 나의 정체성과 동일성을 그대로 유지한다는 것은 대단한 의지와 각오가 있어야만 가능한 일이기에 나로서는 언감생심과 같았다.

은발의 후광에 싸인 경험 풍부하고 잘 늙기까지 해서 존경할 만한 인간. 저 높은 곳에서 굽어보는 현자의 모습으로 늙는다는 일은 누구나 할 수 있는 일이 아닌 것이었다. 승화된 이미지, 담담한 안색을 지닌채 그렇게 잘 늙어갈 것으로 여겼던 내 착각과 무지가 와장창 깨졌다. 잘 늙어가는 일이 의무가 되었다.

수필모임에서 노작가 한 분이 이런 말을 했었다. 겨울날 양지바른 곳에 앉아서 꾸벅꾸벅 졸고 있는 노인을 보더라도 경멸하지 말라고, 그는 지금 자신의 일생 중에서 가장 아름다웠던 한때를 추억하고 있으며, 그 추억으로 잠시 잠시 졸기도 하고 현실을, 고통을, 잊기도 한다고. 좋은 추억을 비축하는 비결은 스스로가 좋은 사람이 되는 것이라는 말을 툭 던졌다. 그날 이후 노년을 잘 관리하는 노인들의 삶에도 관심이 커졌다.

엄마의 입춘, 그 위대한 무식

사랑은 아무나 하는 것인가. 아니다. 그것은 끊임없는 실천과 집중이 요구되는 것이다. 다른 모든 예술 행위와 마찬가지로 뛰어난 통찰과 식견, 이해력과 분별력이 필요하다. 사랑은 결국, 고도의 지성과 관련 있는 것이다.

에리히 프롬의 이 글에서 가장 먼저 떠올렸던 것은 '낫 놓고 기역 자도 모르는' 우리 윗세대들의 자식들에 대한 사랑이었다. 역사의 소용돌이에서 자식을 맨몸으로 키워낸 그분들의 헌신이야말로 프롬식으로 말하면 고도의 지성을 갖춘 사랑이었다. '낫 놓고 기역자는 몰라도' 무조건적인 자식 사랑이야말로 사실은 통찰이고 이해이고 분별과 실천과 집중이었다.

내일이 입춘, 밤중에 잠에서 깼다. 머리맡의 시계는 네 시 사십 육분을 가리켰다. 혹한이 맹위를 떨쳤다. 한강이 꽁꽁 얼었고, 평창 올림픽 개막을 앞둔 대관령 체감기온이 영하 26도까지 떨어졌다는 보도가 연일 이었다. 추위가 아무리

매서워도 입춘 절기에 이르면 양기가 생성된다. 올해는 이월 사일, 오전 6시 28분에 시작되는 입춘이다. 입춘첩을 붙이기 위해 긴장했더니 잠을 설치게 된 것이다.

해마다 엄마는 입춘을 앞두고 글귀를 보냈다. 미신 같은 예방책이라 싫다 해도 그저 보낸다. 일생 동안 해 오던 것이기에 투정 하면서도 매번 받아들였다. 자연의 섭리와 과학적 이치는 서로 무관한 것이라 할지라도 자식 위한 지극한 마음, 그 정성 앞에는 도리가 없다.

국문학의 우리 고전소설에도 미풍양속의 근간을 받치는, 24절기와 밀접한 이야기들이 많다. 전통적인 삶의 바탕에 당당히 자리 잡은 민간신앙이 문학에 반영됨을 알았다. 이치에 닿지 않는데도 오묘하고 가벼운 듯 진지한 삶의 편린들이 오랜 시간을 거치면서도 가정마다 개인마다 지금껏 이어졌다. 설, 추석, 대보름 발원만이 아니라 우수, 경칩, 소설, 대설, 백로, 한식날에도 축원하고 발복을 기원했다. 무한하고 영원한 자연에 비해 유한할 수밖에 없는 인간의 한계를 기복 신앙으로나마 극복하려던 삶의 활기로 해석되었다.

엄마의 입춘은 늘 나를 따라다녔다. 이사를 가도 놓치지 않았다. 어떤 해는 '온갖 재앙은 가고 모든 복은 오라.'가 쓰인 문구를, 어떤 해는 '재난은 사라지고 행복은 구름처럼 일어나라.' 같은 문구가 담긴 봉투로 찾아왔다. 머리 감은 후 한 해의 소원과 건강과 화목하기를 성심껏 비는 모습을 어릴 때부터 봐왔던 터라 나도 자연스럽게 행해졌다. 시간을 지키면서 붙인 문지방 위의 입춘 방첩을 보는 순간 행운을 미리 지불받은 것처럼 마음이 평온했다.

아이가 아팠던 어떤 해는 콩을 방이나 문에 뿌려서 귀신을 쫓고 새해를 맞던 날도 있었다. 미신 같아서 께름칙했으나 엄마의 마음이라 여기며 받아들였다. 시간을 지키는 일도 쉬운 일이 아니거니와 긴장하고 잠을 설치고, 다음 날 출근에 대한 부담도 만만찮았다. 입춘이든 입추든 결코 무덤덤하고 무심하게 보낼 수 없었던 시절이었다.

 그때 엄마는 입춘 방첩을 붙이면서 무슨 생각을 했을까. 다섯 자식 모두가 개성껏 삶을 피우고, 사회에 유익한 존재로 살아갈 것을 기원했을 것이다. 기대가 무너진 자리일지라도 이만하면 됐지, 뭐, 하면서 불멸의 처방이었다고 든든해 했을 것이다. 미신이라고 한사코 밀쳤던, 엄마의 그 위대했던 무식 때문에 지금의 내가 존재한다. 입춘첩에 대한 온갖 감정에 둘러싸이기도 했지만, 삶의 소용돌이를 겪지 말라는, 화를 비켜가라는, 일구월심 그 기원으로 인해 여기까지 무탈하게 살아온 것이다.

 엄마의 무식을 결코 따라가지 못하는 유식일지라도 엄마의 정성을 흉내 내면서 내 아이들과의 봄날을 기원해야겠다.

2부 내가 얻은 행복과 위안

장미와 그늘

"알아. 정신 나간 여자처럼 보인다는 것. 같은 옷은 싫증 나서…." 여행 짐을 싸는 나를 내려다보는 딸에게 내가 말했다. 늙어가는 엄마의 불안을 여자의 불안인 줄 모르는 딸아이는 맞받아 말했다. "옷으로 덧칠하지 말라고, 제아무리 천상의 꽃잎과 향기라도 그 꽃이 목을 조르고 숨 막히게 한다면 독초일 뿐이라고."

나는 무 빼다 들킨 사람처럼 얼결에 "너, 장미의 속성을 알기나 해? 가시와 향기로 상징되는 장미의 이중성 말야." 뜬금없이 무슨 장미? 라는 표정으로 아이의 눈빛이 흔들렸다. 나는 듣든 말든 혼자 중얼거렸다. 품위와 허영, 영광과 쇠락. 화려함과 추락의 경계에 있는 것이 장미라고. 그런 모순을 품은 장미의 모순이 바로 여자의 속성, 공통된 비애라고 하면서 소리 소리 지르고 싶었다.

혼자 있고 싶다가도 혼자 있고 싶지 않은 이 변덕, 논리나 시스템은 거부하면서 국립갤러리, 음악회나 여행을 추구하는 이런 타협. 오늘은 또 숲속의 빈집처럼 먼지만 쌓여 가던 영혼이 더 고갈되는 데서 오는 불안과 초조를 견딜 수가 없다. 이런 나를 너는 알까. 말하려는 데 갑자기 울컥해졌다.
　내용 없는 하루하루가 낡은 잡지처럼 쌓이더니 눈 깜짝할 사이 중년을 넘긴 상실감이 너무 컸다. 내 안에는 아직도 내 멋에 취해 있는 내가 시퍼런 바다처럼 파도쳐 대는데, 제대로 수평선까지 닿지도 못하고 멈춰 버린 바위섬, 무인도에 정착한 것 같은 낭패감을 꿀꺽 삼키고 마음에도 없는 말을 태연자약 뱉는다.
　"하긴, 아직 예민한 청춘이니까. 희망도 절망도 없이 늙어 가는 여자의 자의식이 무너진 자리에 해체된 환상만이 버티고 있는 이 실체를 알기나 하겠니. 이해해" 나는 여행의 기쁨을 구기기 싫어 비굴하게 웃었다. 아직도 날씬하고 유연하고 아름다운 외모를 지녔다고 여기는데….
　나를 아무도 보지 않고, 더는 인정해 주지 않는 것에 자꾸만 화가 난다는 그 말을 끝내 감춘다.
　결국, 허영에 불과한 것을 품위라고 우겼던 내 가면이 벗겨지고 제일 가까운, 내가 낳은 내 딸에게 헐값에 매각 당한 내 자신이 못내 언짢아서 또 울컥해 졌다. 화사했던 내 전성기를 재현 하고 싶은 유혹을 참지 못하고 기어이 옷 한 벌과 거기에 어울리는 구두를 또 사고 말았다.
　한편의 광고 같은 복장과 부풀린 챙 모자와 이민 수준의 가방으로 내린 히드로 공항에는 패기만만한 여름 정기가 공격적으로 발산되고 있었다. 거리는 황홀할 정도로 포장되어 있었지만 설레게 하는 것은 아무 것도 없었다. 오직 내 안에서 소용돌이 치는 주체하지 못하는 심사와 들쑥날쑥한 감정들이 동시다발로 올라왔다가 푹 꺼져버릴 뿐이었다.

아직 봄인데도 성급하게 도시를 가득 채운 신록과 그 그늘 아래로 뭉텅, 뭉텅, 떨어지고 있는 장미꽃이 보였다. 여기에서까지 아웃사이더로 추락하면 끝장이라는 위기감에 총총총, 경쾌하게 걷는 딸아이 뒤를 바삐 쫓았다.

치렁치렁한 스커트와 또각거리는 내 하이힐을 대책 없다는 표정으로 돌아보던 딸아이의 눈동자에 붉은 장미꽃이 다발로 피어났다. 나는 마치 한낮의 중성적인 빛이 눈에 부셔, 견딜 수가 없다는 듯 선글라스로 가렸다. 길바닥에 떨어진 늙은 장미도, 민감한 어린 장미도 손차양을 만들어 모두 차단했다.

비이성적이고 센티멘탈해 지는 와중에도 형언할 수 없는 이런 자유로움만 추려내면서 빛의 반대쪽을 향해 걸어가는 삶도 가치있다면서 나를 속였다.

횡재수

　어서 어두워졌으면 좋겠다. 오후 3시, 햇볕에 탈 듯이 뜨거운 열기로 옥상의 나무들이 축축 처졌다. 내려앉는 햇빛도, 흐르는 시간도 정지된 듯 고요한 이곳에 옛날 같은 집을 샀다. 기후에 취약하고 마당은 좁았지만 옥상의 개방감이 좋았다.
　방부목 울타리, 데크 깔린 테라스, 해거름 녘 가든파티라도 할 수 있겠다 싶은 집은 돈이 부쳤다. 천편일률 서 있는 집들은 또 그리내키지 않았다. 사방팔방 뚫린 길, 동서남북으로 관공서와 병원들이 10분 거리에 있는 터라 대놓고 지적할 불편은 딱히 없었다. 일몰의 천왕봉, 보름밤 촉석루가 눈앞에 보이는 전망만큼은 값으로 매길 수 없는 것이었다.
　몸을 상하고부터 산을 잊었다. 천혜의 자연이 무상으로 제공하던 계절의 심오함도 멀어졌다. 차츰차츰 내가 없어져 갔다. 빈자리에 야생화를 심자 했다. 만공산 명월이 구름에 달 가듯이 가는 한밤중까지 잠을 안 자고 싶었다. 강한 꽃, 순박한 꽃, 슬픔을 아는 꽃을 새벽까지 심었다. 풍상에 부대끼고 비바람 감내하는 나무들에서 산 냄새가 났다. 벼랑 끝 칼바람에도 천년을 견딘 장터목 그 주목이겠거니 대했다.

밤새워 폭우 내리고 강한 바람이 불었다. 모진 태풍에 얻어맞고도 오만하게 버텨낸 주홍빛 능소화 다시 보였다. 사계장미, 오색장미 가시투성이 끝에서도 겹겹이 둘러싸인 꽃잎들이 줄줄이 피었다. 얻어 키운 삼색도화, 값비싼 수양홍도화, 불매, 홍매, 백매, 황매 제 가치를 더 했다. 붉은 꽃 영산홍도 이름답게 잘 살았다. 모란, 작약, 치자, 동백, 시종일관 의젓하고 큰 꽃답게 살다 갔다.

외진 곳, 습한 곳, 모서리에 심었어도 느릿느릿, 태연하게 제때 피고 제때 졌다. 울 밑의 우리 꽃들 친숙한 정 있어서 눈 떼기 더 어려웠다. 한여름 봉선화, 채송화, 나팔꽃들이 여름 내내 내 손길에 피고 졌다. 민중의 설움 닮아 각별했던 인동초는 그만 좀 피었으면 싶기도 했다. 봄부터 지금까지 쉬지 않고 피어대니 귀한 줄도 모르겠고 애틋함도 옅어졌다. 수수해서 수수꽃다리, 후리후리한 라일락은 싱겁기 그지없다. 마삭줄에 빨간 단물 들 때까지 새파란 초록으로 주접을 떨었다. 그렇거나 말거나 무탈하고 건강하게 그저 잘 자라나서 꽃은 역시 우리나라 꽃임을 톡톡히 경험했다..

대원사 갔던 길에 우연히 만난 용담초 하룻밤 찬 이슬에 조금씩 조금씩 벙글어졌다. 더디 피는 하루하루 닳도록 보는 나를 예사롭게 대하더니, 한가위 백 년 달을 반색하며 핀 것이다. 담장밖의 달빛 신비로운 것이 용담초 때문인지, 용담의 청초함이 달빛이라 더했는지, 꽃밭에만 매달린 며칠 사이 찬물 같은 가을 공기 성큼 찾아왔다.

대문 옆 백일홍 한껏 늘인 긴 목에도 애수처럼 감도는 저

녘빛이다. 머지않아 본격적인 가을되면 자줏빛 구절초, 연보라 개미취, 순서대로 피고 질테지. 그러다가 겨울되면 이 모든 것들 빛을 잃고 스스로 떠나겠지. 이런 것이 인생살이겠거니 여겼다.

남루한 집이지만 꽃이나 보자 했다. 사나흘 게으르게 뭉그적거리면서 인생 소홀히 해도 별일 없는 작은 공간, 딱 한 켠만 얻자고 했다. 그랬던 것이 일 년이나 걸렸다. 아침저녁 물 주고 낙엽 쓸어내면서, 들었다 올리고 내리다가 버리면서 옥상과 일층 사이를 수없이 오르내렸다. 혼자 심고 혼자 옮기다가 엎어지고 자빠졌다.

달 있는 밤이면 달 아까워 못 자고, 비 오면 빗소리에 안 잤다. 매듭 없는 절기들이 마디마디 넘어가고 철철이 달라지는 하늘빛과 바람결이 내 것이라 우긴들 트집 잡을 이 없었다. 습관 같은 잡념들, 근원적인 회한들 싹 사라졌다. 맑은 정신 모인 끝에 모처럼 책도 보고 글도 좀 끄적였다.

빗살 완자창에 고풍스러운 집은 아니지만, 애상적인 봄밤 있고 한여름 저녁 바람, 꽃 사이 넘나들었다. 보름밤 달빛이 머리맡 베개까지 깊게 들어올 때는 황후의 방을 준다 해도 달갑지 않았다. 좋아하는 것 곁에 두고, 싫은 것은 멀리하니 안빈낙도에 버금갔다. 뜬금없는 꽃 재물 일고 늦머리까지 트였으니 가히 횡재수에 비할 만했다. 이왕이면 무얼 좀 쓰겠다고 발 들인 이 세계, 글쟁이 중에서도 좀 쓸 줄 안다는 소리 듣는, 그런 날도 왔으면 했다.

벽소령 달밤

　벽소령에 달이 떴다. 원광의 보름달을 보니, 이원구의 시 '벽소령 눈 시린 달빛을 받으려면 뼈마저 부스러지는 회한으로 오시라.'는 구절이 절로 나온다. 경계는 허물어지고 밤하늘을 올려보는 마음의 문이 활짝 열린다. 엊그제 입대한 아들도 저 달을 보고 있을까. 공부하러 나간 딸의 안녕이 궁금한 밤이다.
　음력 팔월 열닷새, 한가위 추석날의 벽소령 산행을 언젠가는 꼭 해보고 싶었다. 이 밤을 얻기 위해 노고단에서부터 연하천대피소를 거쳐 14.5km를 부단히 걸어왔다. 다 비우고 잊어버리자고 작정한 노정이다. 괴로운 과정 겪는 필연적인 인간사, 곡절은 산에 묻고 쓸쓸함은 달빛에 적실 요량으로 여기까지 온 사람들, 공기속에 떠도는 생명의 환희에 도취해 있다. 천왕봉이 목적인 프로 산꾼들도 밤마실 나왔다. 굽이굽이 살아온 길 돌아보고 훑어보면 센티멘탈 하지 않을 재간이 어디 있나. 고개 숙여 우는 이, 고개 들고 우는 이, 어떤 이는 목을 꺾고, 어떤 이는 그저 넋 놓고 올려다 볼 뿐이다. 누가 있든, 누가 보든, 울고 싶을 때 울 수 있는 벽소령.

도대체 달의 기량은 어느 정도인 것일까. 공기조차 흔들지 않고 차오르는 저 고요, 저 고상한 중용을 세속의 어디에서 볼 수 있단 말인가. 차원의 차이 만큼 무서운 것 없다는 단순한 사실을 눈으로 확인한다. 저 정도의 고차원이라면 염치도 사려분별도 팽개쳐두고 가리고, 덮고, 포장한 나의 실체를 다 보여줘도 부끄럽지 않을 것 같다. 어떠한 소속감도 구속도, 요구도 없는, 광대무변한 침묵앞에 머리숙일 따름이다.

지리산이 제아무리 웅숭깊어도 천하를 감시하는 저렇게 밝은 달 피할 재간 있겠나. 사방팔방 십 리 밖, 정적 위를 무람없이 퍼붓는다. 한도 없고, 끝도 없는 달빛 세례는 수풀에 떨어진 바늘도 찾는다는 명문장을 그대로 재현한다. 벽소명월, 지리산 8경의 으뜸이 된 구절답게 권좌 위에 반듯하게 빛난다. 소경 같았던 내면의 눈 밝히면서 희고 부드럽게 깊어간다.

시간이 흐를수록 천상의 존재는 만물을 평정한다. 아무 것에도 의지 안하고 높이, 더 높이 혼자 떠서 올라간다. 완벽한 균형으로 가을밤 고풍스러운 산의 정취를 편견없이 비춘다. 자정이 가까울수록 최고의 빛, 최고의 크기로 확장된다. 한 평생이 이처럼 절실할까. 한 종류의 기도밖에 없는 나는 군대 간 아들과 공부하는 딸의 소원을 빌고 또 빌어준다. 인간의 추한 욕심 다 이해해 줄 것 같은 폭넓은 성정 믿고 초라한 자식 욕심 무릅쓰고 내 보인다. 일 년 열두 달을 기다려 왔다는 듯 우아한 저 달도 최선 다해 굽어본다.

새벽녘 보름달은 천왕봉 위로 가 있다. 신이 바로 내머리

위에 있다는 사실. 신전 같은 하얀 산의 꼭대기에 서서 모든 일에는 시간이 필요하다는 달의 메시지를 짐작한다. 달의 힘만 믿고 내 삶의 전부를 맡기고 우주에 퍼져 있는 생명의 에너지를 부여받는다.

  인생의 풍파 미치지 않는 해발고도 1,350m, 높은 영마루가 파란만장한 내 삶의 완벽한 유토피아가 된 날이었다.

키나발루 산의 흰꽃

조용하고 흐린 날이다. 산책길 나섰더니 웃자란 망초꽃 순백의 하얀색으로 흐드러지게 피었다. 삶이 고달파도 말갛게 살아가는 민초 같은 꽃이다. 봄꽃 지고 신록의 기쁨도 잠시, 곧바로 여름이다. 유월에서 초가을까지 담초록 짙어가는 산야에 흰꽃 천지다. 찔레꽃, 함박나무꽃, 쥐똥나무, 흰철쭉, 미선나무, 딸기꽃나무, 산사나무, 층층나무, 아카시아 꽃나무. 깨끗한 흰꽃들이 단정한 녹음과 조화롭게 상생한다.

여름꽃은 봄꽃이나 가을꽃보다 단순하다. 색도 향기도 절제된 여운으로 종의 번식 꾀한다. 오랜 경험에서 숲속의 곤충들 좋아하는 흰색으로 진화했다. 그래 놓고 스스럼없이 피었다가 만만하게 살아간다. 피고 싶은 대로 피어나고, 자라고 싶은 데서 마구 자란다. 모난 것도 귀한 것도 없이 담담히 산다.

몇 년 전, 말레이시아 키나발루산(4101m)을 갔다. 영혼의 안식처, 혹은 바람 아래의 땅이라는 의미를 로우스피그, 정상에 가서야 깨달았다. 동남아 최고봉, 산 이전 산이라는 예찬을 적도의 붉은 일출이 거두절미하게 만들었다. 해돋이 광경은 두 번 못 볼 새 세상이었다. 날고 기는 산꾼들이 해발 3,000m 고지에서 속속 낙오됐다. 고산증으로 라반라타 산장(3,353m)까지 포터에 의지했다.

포터 속에 어린 남매가 있었다. 반바지에 흰 배신이 전부인데 제 몸보다 큰 짐을 지고도 축지법 쓰듯 산을 탔다. 편도 7시간 산길을 매일 왕복하며 돈 번다고 했다. "공부하고 싶지 않니" 했더니, "엄마가 돈 벌어 오랬어요. 그래야 먹고 산다고." 했다. 아무런 자리라도 천명과 천직인 줄 알고 뿌리내리는 찔레꽃, 망초꽃이 떠올랐다. 흰꽃처럼 여린 외모로 험한 일 지독한 줄 모르고 해내는 아이가 하산 길 내내 밟혔다.

우리도 이런 사연 있었다. 해외 파견 광부나 독일 간호사. 그 말고도 남의 집 식모살이로, 방직공장 여공으로, 버스 차장으로 세상 밖으로 내몰렸던 큰 누이, 작은 누이들. 때로는 오빠나 남동생 공부까지 책임졌던 산업사회 대한민국을 받쳐낸 일꾼들. 원망이나 비탄 없이 제 운명 껴안고 감내했던 이들이다. 자기 입신이나 이데올로기 따위의 셈법에서 나온 가짜 희생이 아니라 정화수 같은 헌신이었다.

인간고, 금전고에 피폐한 날들이다. 집을 나가본들 초여름 삽상한 공기와 흰꽃의 청초함 말고 뭐가 있겠나. 은사의 풍모처럼 점잖고 기품있는 흰꽃들 방편으로 시난고난한 세월에 할퀸 쓰라린 상처들 치유되면 좋겠다. 자연의 담백함과 꽃의 천진함으로 잃은 것, 가버린 것, 변해 버린 것에 집착 안 하고, 그저 여기까지이겠거니 하면서 쓸데없는 기대나 마음의 짐 따위랑은 내려놨으면 좋겠다.

지리산의 축복

 명산에 인물 난다는 말 있다. 붓다의 탄생도 히말라야 영봉이 만들었다. 네팔 남동부 테라이(Terai) 평원에 있는 룸비니가 붓다의 고향인데 설산을 코앞에 둔 동네다. 붓다가 했던 생각이 시, 분, 초 단위로 읽힐 정도로 가깝다. 만년설로 뒤덮인 히말라야 영봉 8,000고지가 룸비니의 지혜를 키운 조력자였다.
 진주에서 지리산이 그렇게 보인다. 맑은 날, 내동면 칠봉산 제1 마루에 오르면 우뚝 솟은 천왕봉이 마주한 듯 가깝다. 칠암동 경남문화예술회관 강가에서도 훤칠하게 들어온다. 가시거리 좋은 날 천왕봉 전면을 다 보고 나면 한참 동안 설렌다. 지리산을 값을 매길 수 없는 보물로 여기는 진주 사람이라 그렇다.
 지리산 3대 봉인 노고단(1,507m). 천왕봉(1,915m), 반야봉(1,734m)을 무수히 다녔다. 백두대간 절경 예찬하면서 주능선 종주를 몇 차례나 했었다. 칠선계곡, 한신계곡, 대원사

계곡, 대성골, 피아골, 뱀사골, 도장골. 토끼봉, 노루봉, 삼도봉, 촛대봉, 영신봉 기네소폭포, 무재치기폭포, 하동바위, 백무동 등. 큰 계곡 정기 받으며 속속들이 다녔다. 40리 뱀사골을 웅장한 물줄기와 크고 작은 담소들에 취해 온종일 걸었다. 울창한 수림 속 원추리, 엘레지, 너도바람꽃, 기생꽃, 참바위취 희귀한 야생화들 여름내 펼쳐지는 화개재 고원은, 풍부한 수량으로 깊은 숲 자아내기에 여름철 피서지로 정해놓고 해마다 다녔다.

지리산 갈 때마다 생각나는 장면 있다. 진주고등학교 산악회를 반석에 올린 그 당시 산악회 정한택회장님께 들은 얘기다. 진주고등학교 산악회가 기획한 '재학생 천왕봉 등정'. 우중임에 단행하여 걱정부터 앞섰다. 그럼에도 한 명의 낙오 없이 무사히 회귀했다. 우정과 배려가 성공시킨 감동적인 완주였다. 혹독한 자기와의 싸움을 극복한 그 아이들 지금쯤 진주의 동량으로 성장하고 있으리라 짐작한다.

지리산은 산신인 마고할미 도력과 반야의 지력이 영산을 떠받치는 주된 축이다. 지리산이 낳은 설화 무수히 많다. 반야봉 반야는 불교에서는 지혜를 의미한다. 산을 찾는 이들의 간절한 기원이 그래서 잘 발원된다. 노고단 운해와 반야봉 낙조는 3대를 적선해야 볼 수 있다는 천왕봉 일출과 함께 절경의 백미로 손꼽힌다. 히말라야 설산과 다를 바 없는 영적 기운 받기에 더없이 좋다.

5백 년 전, 불세출 남명선생 출현하였듯 지리산 축복받은 진주 땅에서 걸출한 인물 나왔으면 하는 희망 묵직하게 가져본다.

사막의 진실

 별 보기가 어렵다. 여유를 잃고 감수성이 말라버린 탓에 밤하늘을 보는 사람도 별을 찾는 사람도 드물어졌다. 별이 없는 가슴은 막막해질 것이다. 정서와 정서의 이동이 사라지고 이웃 간에, 친구 간에, 심지어 가족 간의 교류도 끊어질 것이다.
 어떤 기회에 친구가 사는 캘리포니아를 방문했다가 미서부 일대를 돌았다. 시에라네바다와 콜로라도 하곡으로 뻗은 모하비 사막을 횡단하는 길에서 해가 졌다. 황혼은 모든 것에 색조를 더했다. 격렬한 뜨거움과 차가움이 교차되는 여명임에도 별들이 총총했다. 손에 잡힐 듯 굵고 영롱한 그것들은 낮의 공허했던 사막과 대조를 자아냈다. 사막은 가혹한 곳, 경쟁에서 지거나 낙오되면 모래 무덤 속이나 석양 너머로 쓸쓸히 사라져야 하는 곳이 아니었다.
 문득, 마당에서 밥을 먹으면 머리 위에서 무수한 별들이 야단이던 어린 시절이 떠올랐다. 천문학의 대상이거나 시적 상상 같은 형식에 얽매이지 않고 그저 올려만 봐도 행복했던 별. 향기도 촉감도 없는 무색무취한 그것에서 반짝거리는 영감과 피안을 무상으로 얻었던 시절이 그리웠다. 목 꺾으면 쉽게 찾았던 그때의 북극성, 북두칠성, 오리온 자리는 모하비에서는 분간조차 불가능했다. 어린 왕자의 모래, 검은 전갈, 그의 여우가 동화 속 원형 그대로 원시적 생명의 발상지가 된 사막임을 환기했다.

불현듯 사막을 따라 실크로드가 만들어진 배경이 궁금했다. 속박도 사랑도 시련도 없었던 사막이, 전갈의 맹독처럼 차갑고도 뜨거운 모래밭이 동서 교역의 루트가 된 실체가 궁금했다. 사막에 물이 없다는 것, 그것이 생명과 의식이 나아가는 첫 도정이었다. 물이 없으니 생명이 고갈되고 풀이 자라지 못하니 초식동물이 생존할 수 없었을 터. 천적인 맹수가 살 수 없는 공간은 역설적으로 대상들이 안심하고 이동할 수 있는 교차점이 된 것이다.

지구 최악의 공간을 최고의 교접성으로 탈바꿈 시킨 실크로드의 대반전은 시련과 축복의 갈림길이라는 데 있다. 인간의 지성과 인내로 개척됐을 실크로드를 따라 이재에 밝은 상인들이 향료와 비단을 낙타 등에 실어 날랐을 것이다. 인류의 본능과 욕망이 교환되면서 더 높은 단계로 나아가는 현자들이 있는가 하면, 동물의 단계로 되돌아간 이도 있었을 것이다. 두려움과 욕망을 이겨낸 용기 있는 사람들이 사막에 뜬 별이 되어 인류를 고통에서 해방시켜 주는 지혜로움을 마련했을 것이다.

사막의 밤은 닿을 수 없는 고상함이 있었다. 모든 걸 모래 속에 묻어두고 때를 기다리는 은자처럼 보였다. 차분함과 과묵함과 놀랄 만큼 뻔뻔스러움을 함축하고 있는 모래알들을 은근한 불안과 어렴풋한 기쁨과 그 기쁨에 따르는 약간의 덧없음을 느끼면서 밟았다. 공간에서 태어나 공간에서 살다가 공간에서 죽어간 사막의 영혼들을 기리면서 모래바람이 형성한 사구 끝에까지 걸었다.

차츰 자옥자옥 맺혔던 생활의 서러움과 내 고집을 뉘우치는 가슴에 맑은 기운이 피어났다. 사막이야말로 공동체 안에서 별을 잃어버린 나같은 사람에게 필요한 최적의 장소라는 생각을 했다. 인간의 숙명적 한계와 별에 대한 외경심과 자유에 대한 절실함을 보상받을 수 있는 이상적인 여행지가 사막이라는 생각을 굳혔다.

요세미티의 추억

    미국 남서부 여행의 마지막 종착지, 요세미티다. 고요가 긴장감을 더하는 화강암의 기암절벽, 시에라네바다 산맥이 돔 모양으로 하늘에 맞닿았다. 1만여 년 전, 빙하가 고지대를 굴러 내려오면서 깊게 팬 914m 아래의 협곡에는 300개가 넘는 호수, 폭포, 계곡 등이 이어진다. 방대한 자연, 오직 그 자체다.
    우리가 도착했을 때는 한낮이었다. 울창한 숲길로 이어지는 넓은 신작로는 가도 가도 끝이 없었다. 산맥을 배경으로 와글와글 사진을 찍는 여행객들이 개미 행렬같았다. 이토록 웅혼한 터전을 빼앗겼다니. 진지로 구축하고 방어의 벽이 되었을 철벽 같은 요새였음에도 쫓겨날 때의 심정이 어떠했을까.
    3만 년 전 북방 아시아로부터 이주해 온 아메리카 인디언은 나무와 독수리와 파이프로 상징되었다. 어떤 사람이 먼 곳에서 병이 들면 네 방향의 바람을 이용해서 신의 좋은 에너지를 아픈 사람에게 전했다. 높이 날고 양쪽을 다 내다보는 날카로운 독수리는 조물주의 확실한 메신저. 그들의 기도를 조물주에게 전했다는 것이다. 부동의 요세라 믿었던 요새 미티, 바람만 드나드는 좁은 골목 같은 안식처였음에도 최후까지 기도한 내용이 이렇게 전해졌다.

'자신의 길을 잃은 사람들을 만나거든 관대하게 대하라. 길 잃은 영혼에게서 나오는 것은 무지와 자만, 노여움과 질투, 욕망뿐이니 그들이 제 길로 갈 수 있도록 그들을 위해서 기도하라.'

학살을 단행했던 적들을 위해 기도하고 용서하는 관대함, 졸렬하지 않은 그 정신의 힘은 어디서 나온 것일까. 내일을 두려워하지 않는 정신을 계승한 통일된 종족의 핏줄이라고 함이 옳을 것이다. 말발굽에 밟히고 총칼에 해체되는 마지막까지 인간은 실수하게 마련이며 용서받지 못할 실수는 존재하지 않음을 굳게 믿었다는 가이드의 설명을 듣고 나는 나의 현재를 돌아봤다. 용서하지 않은 이들이 더러 있었다.

1991년에 개봉된 케빈 코스트너 감독 영화 '늑대와 춤을'이 떠올랐다. 인디언의 문화를 깊게 다룬 서부영화였는데 본성이 허용하는 만큼 자유롭고, 선량하고, 건전하게 행복 하고, 독립적인 상태에서 평온함을 누린 그들의 일생을 대자연과 함께 연출했다. 고유한 소통 방식으로 불러주던 그들만의 이름. 사물이나 행동의 특징과의 유사점을 연결한 그들만의 언어문화가 신선했었다. '늑대와 춤을, 주먹 쥐고 일어서, 발로 차는 새, 머릿속의 바람, 열 마리의 곰, 돌 송아지, 많이 웃다'라는 이름들. 그들의 에너지를 모두 흡수했다고 해서, 광활한 저 요세미티를 어디서 보든 같다고 해서는 안 될 것 같았다. 신의 영광이 아직도 여전한 가까운 요새미티, 중간쯤의 요세미티, 먼 요세미티, 아침의 요세미티, 한낮의 요세미티, 해 질 무렵의 요세미티는 서 있는 위치나 시간에 따라 천태만태로 보였다. 세상의 풍파라곤 미치지 못할 산맥인데도 꿈도, 생활도, 자랑도, 고립마저도 깡그리 초토화되고 흔적없이 사라졌다. 자본주의의 죄과 중 치명적인 과오를 꼽으라면 저런 인디언 정신을 앞장 서서 박멸한 것에 있음이리라.

잠시 자이언트 세쿼이아 군락지에서 쉬었다. 한여름 더위뿐만 아니라 용서 못하는 마음마저 식혀주는 계곡물이 달고 찼다. 네바다를 살려내는 생명수인 거대한 물줄기가 수십미터에서 낙하하고 굽이치고 담담히 흘렀다. 생명의 출발점인 요세미티 인디언의 물길이 한국까지 흘렀으면 한다.

자연의 모든 것들을 그들을 돕는 '그분'의 선물로 여겼던 그들. 이제 그들을 괴롭히던 불안, 적대적인 이방인과 마주할 공포마저 없어진 요세미티는 죽은 다음에 무언가 남기려는 그 여유가 있느냐, 없느냐는 것으로 경직된 흑백 논리를 경고하는 자연그대의 관광지가 되었다.

비탄의 연장선과 다름 없었던 빼어난 시공간을 나오는데 풍화되고 침식되지 않는 인디오의 지혜가 내내 따라왔다. 가장 멋지게 패배함으로써 영원한 승리를 쟁취한 그들의 안목에서 역설적인 아름다움, 승리의 역설을 생각했다.

망경동이 진주다

물때는 바다낚시의 금과옥조다. 한 번 놓치면 두 번 오지 않는다. 일에도 물때라는 게 있다. 만성적인 슬럼가, 가난의 굴레 못 벗었던 낡은 망경동이 좋은 물때를 만났다. 아름다운 경관을 기대한다는 뜻인 망경(望景)이라는 명칭답게 개발될 모양이다.

빈의 다뉴브강, 독일의 라인강, 프랑스 센느강, 헝가리 부다성과 페스트를 이어주는 도나우 강변에는 공통된 아우라가 있다. 중세 고성들의 고색창연함과 세련된 현대 예술이 절묘하게 공존한다. 박물관, 미술관, 오페라하우스와 목가적인 카페를 찾는 여행자들이 쉴새 없이 오간다. 강과 다리와 미로 같은 골목길에도 낭만적인 스토리를 잘 입혔다.

부다페스트에 세체니 다리가 있다면 진주에는 남강교, 천수교, 희망교가 있다. 프라하 체스키 크롬로프성에서 본 일몰 광경이 망진산 노을과 흡사하다. 시가지 풍경은 사뭇 다르다. 고풍스러운 성당과 교회의 첨탑, 빨간 지붕들이 근대적 분위기의 세체니라면 무료한 과일 리어커, 낡은 옷가게, 세탁소, 미장원, 중국 음식점, 쓰러져 가는 주점들과 너절한 간판들, 볼품없는 사무실이 난립한 곳이 망경동이다.

　구 진주역 개발 소식이 그래서 더욱 반갑다. 교통의 요충지인 삼랑진과 진주를 잇던 경전선 철로를 걷어내고 거대한 녹지공원과 복합문화예술거리, 친자연 생태계를 복원한다니. 뒷골목 중에서도 뒷골목인 좁은 골목들이 카프카의 황금소로처럼 재생될 가능성에 가슴이 뛴다. 다닥다닥 붙은 담벼락에 형형색색의 꽃들이 경계를 허물고 한국적인 텃밭과 예쁜 정원 가꾼 다음 역사적 의미와 전통적 가치 새긴 기념품 전시하면 지역경제 활성에도 도움 될 것이다.

　과거와 미래의 기로에 선 망경동이다. 온종일 햇빛 한 줌 들지 않는 추레한 지붕들 싹 걷어내고 나팔꽃, 능소화, 채송화처럼 자연의 순리 따르는 천진한 생명들 잘 간추려서 인간과 자연이 공존하는 햇빛 넘치는 공간으로 탈바꿈했으면 좋겠다. 골목골목 다 정리되고 자유로운 거리풍경 새롭게 정비되면 고향 동네 지켜온 쓸쓸한 세월이 자랑스러워질 것이다.

　느긋한 천성으로 100년 풍상 견딘 망경동이다. 이번 물때를 잘 포착해서 무조건 파헤치는 영혼 없는 개발도, 자로 재고 모로 재는 쩨쩨한 개발도 안 했으면 좋겠다. 일상의 회복 공간이자 공동체 삶의 기반이 될 거대한 초록지대 완성되면 망경동이 진주를 대표하는 그런 날 올 것이다.

하동, 그리고 수정사

중학교 때 처음 하동에 갔다. 친구 부모님이 고샅까지 마중 나왔던 기억이 난다. 팔목에 묵직한 금팔찌를 두른 귀금속상의 주인보다 더 상류층 부인처럼 기품이 넘쳤다. 부드러운 권위로 그 어떤 높은 사람보다 더 높게 보였던 그때 이후부터 친구 부모님을 하동이라 여기며 살았다.

지난 해 봄, 예불이 있는 일요일 하동 부춘마을 수정사를 갔다. 고비에 처한 나를 돕던 보살 내외와 인연이 깊은 절은 형제봉 700고지 능선에 자리했다. 자칫 지나칠 뻔한 외진 입구, 손바닥만 한 표지판을 따라 몇 발짝 걷다 보니 반듯하고 잘생긴 경내가 훤칠하게 나타났다. 몽글몽글 피어오르는 환상적인 봄 풍경이 산아래로 사태지듯 흘러내렸다. 한눈에 굽어 보여 감탄하고 있는데 절 마당을 채운 봄꽃들이 너도나도 말을 걸어왔다.

토굴 속 면벽 기도로 득도의 경지에 이른 장우 스님이 낡은 암자를 새롭게 창건했다. 위로는 금타스님, 청화스님의 대를 이어 불교의 과학적 진리를 밝혀낸 지성의 소유자이건만 법문은 참으로 간결했다. 최소한의 의식주와 고요한 마음, 착한 인연법을 최고로 삼았는데 참다운 자유, 참다운 행복의 근원임을 설파했다. 평생을 정진한 학문과 함께 하루 8시간 노작 활동이 주지 스님으로서의 권위를 더욱 빛나게 했다. 절의 모든 것에서 검소하고 청빈한 기운이 느껴졌다.

수정사를 일궈낸 또 다른 공신은 공양주 보살이었다. 오늘날의 규모로 거듭나기까지 평범한 삶을 버리고 공양간을 지켰다. 묵언 수행, 새벽 정진을 마치면 텃밭에서 길러낸 싱싱한 작물로 요리에 집중한 세월이 벌써 40년. 아이 둘을 속세에 두고서 출가한 신비한 인생의 주인공이었다. 공양주의 손끝은 궁중요리의 정수를 자아냈다.

자연의 맛과 계절의 향을 놓치지 않은, 다양한 음식 종류가 독보적이었다. 그릇과 재료의 색까지 안배하는 안목은 사찰음식 문화의 장을 새로이 넓혔다. 섬세한 감성으로 버무린 손맛을 찾아 은근히 올라오는 신도들이 꽤 많았다. 여느 절과는 사뭇 다른, 기존의 종교 색채, 규격화된 질서를 뛰어넘은 인간적인 풍모의 산사라서 더 편안했다.

법회를 마치고 산신각 툇마루에 앉았다. 광활하지도 좁지도 않은 경내가 한눈에 들어왔다. 처음부터 끝까지 불사의 모든 것을 부처님 공덕으로 돌리는 두 분의 겸허한 얼굴이 마당에 맴돌았다. 그 위로 오래전의 친구 부모님 얼굴이 투영되었다. 하동의 자애로움이 그들로부터 맥을 잇는다는 생각이 굳어졌다.

어진 마음으로 살다 간 많은 얼굴이 한 존재로 다가왔다. 하동, 그리고 수정사가 우주의 중심이자 세상의 근원이 되기를 염원했다. 어스름녘 절간의 등불처럼 마음이 밝아졌다.

길상사와 은장도

　운명은 휩쓸고 개인은 버틴다. 금서였던 시인 백석을 우리 문단이 해금한 것은 40년도 채 안 된다. 이데올로기의 대립으로 자칫 묻힐 뻔한 남과 북, 두 연인의 이야기가 세상에 알려진 것은 최근이었다. 북에서 생을 마감한 백석의 시어들은 구수한 이북 사투리에 특유의 음식문화와 뿌리 깊은 조선시대 풍습에 천착해 있었다. 자작나무 아래 다리를 꼬고 앉은 그의 목소리, 빛나는 그의 눈빛이 생생히 전달되었다.
　그가 처음 등장했을때 소월시를 무색하게 만드는 민족정서와 고요함과 아늑함과 따뜻함이 깃든 감수성에 우리 문단이 깜짝 놀랐다. 더 놀라운 것은 자칫 소실될 뻔했던 자야와의 운명적인 만남이었다.
　백석의 자야는 길상사의 전신인 대원각을 법정스님에게 헌사한 김영한이다. 통영의 첫사랑 '란'과의 좌절로 방황하던 때, 한눈에 매료당해 곧바로 결혼하고 동거했던 여인. 자야라는 필명은 그들의 첫날 백석이 불러준 이름이었다. 그러나 둘의 사랑은 집안의 반대로 맺지 못한 채 민족사의 비극과 함께 영원한 이별로 끝이 났다.

백석을 만나면 평생 시만 쓰게 하겠다는 일념 하나로 생을 버티던 자야는 큰 재산을 모았으나 병마가 닥쳐 백석과의 재회를 앞두고 1992년 사망했다. 죽기 전, 당시 천억 원 상당의 대원각 건물을 법정 스님에게 시주하려 했으나 무소유로 일관한 스님의 통 큰 거절로 10년 동안 실랑이를 벌였다. 결국 1989년 조계종 송광사 분원 사찰로 등록하게 되면서 길상화라는 법명과 108염줄 한 벌을 하사받고 마무리 했다는 일화는 유명하다. "한 평생 모은 돈 아깝지 않느냐", "천 억? 그 사람 시 한 줄 값에도 못 미칩니다" 기막힌 선문답. 그 들의 경지에 놀랄뿐이었다.

화엽불상견. 잎이 사라진 후에 꽃을 피우고, 꽃이 진 후에야 잎이 나니 서로 만날 수 없다는 뜻이다. 다시 갔을 때가 9월 중순이었는데 꽃무릇이 한창이었다. 상사화로 불리기도 하는 선홍빛 저 꽃. 숨어있는 외로움을 드러내지 않는 그들 사랑을 판박이처럼 닮았다. 돌 틈에서 나오는 마늘쫑 같다 하여 석산이라고도 하던데, 상사화가 사찰과는 아무 연관이 없는 줄로 알았지만 남도의 불갑사, 용천사, 선운사 등의 큰 사찰에 특히 많은 것은 꽃무릇에 함유된 맹독성 때문이란다. 뿌리를 짓찧어 단청이나 탱화에 바르면 좀이 슬거나 벌레들이 접근하지 못하기도 하고, 마당이나 뜰에 심어놓기만 해도 공기 정화가 된다는 것.

나는 어쩐지 그 맹독성에 마음이 갔다. 사람이나 식물이나 자신의 입지를 다지기 위해서, 아니면 뜻한 바를 이루기 위해서는 은장도처럼 자신을 보호할 만한 독기라도 있어야 하지 않을까. 좀이나 벌레, 온갖 날파리들 퇴치하거나 박멸할

만한 저런 독성 같은 비법 하나쯤은 품안의 은장도처럼 숨기고 있어야 하지 않을까. 길상사 진영각 옆에서 백석과 자야, 법정과 김영한을 지켜낸 그들의 은장도를 생각해 보았다. 무소유였다.
 무장 무장 가는 세월이다. 백석이 가고 스님도 가고. 자야마저 간 그 길을 누구인들 비켜 갈 수 있을까. 그렇다면 맑고 향기로운 무소유 정신을 지척에 두고, 세상에 헌신하고 불교에 귀의하는 것을 마지막 방편으로 삼는 성북동, 아름다운 이 동네만이라도 부지런히 와야겠다. 어느 새 경내에 가을 어스름이 나붓히 내려앉았다.

도올과 독서

독서하면 김용옥이다. 고려대, 일본 동경대, 국립 대만대, 미국 펜실베니아대, 하버드대를 나와 중국, 한국, 일본, 인도, 희랍의 고전을 섭렵했다. 생물학, 신학, 철학, 의학뿐만 아니라 문화예술 전반에 걸친 학문적 성과를 저서로 남겼다. 다독의 결과다.

그에게는 웃지 못할 일화가 많다. 가족 모두 서울대를 나온 도올의 집안은 석학들이 태반이다. 유일하게 고려대에 입학한 김용옥을 집안이 돌머리라며 홀대했다. 이에 반발한 도올이 아호를, 돌을 길게 발음한 '도~올'이라 지었다. 돌머리라 무시한 가족들에게 해학과 반어가 깃든 유머로 한방 날린 응수였다. 그런 그가 불의의 사고로 입원했었다. 팔다리를 공중에 매달고 목끼지 깁스했다. 그때 내리 3천 권을 독파했다. 이후로 서울대 석학들을 능가한 실력이 되었다. 집안의 열등생이 세상의 우등생이 된 계기였다.

2000년 'KBS TV 강연, 공자'를 시작으로 세상에 알려졌다. 우리 옷 두루마기를 우람하게 떨쳐입고 우레같이 등장했다. 공자, 노자, 한비자를 전광석화처럼 다뤘다. 중국어, 일어, 영어, 스페인어가 그의 혀끝에서 자유자재 굴렸다. 인간의 희로애락을 논어, 중용, 예기에 빗대어 일사천리 풀었다. 신기에 가까운 필설은 독서 열풍을 몰고 왔다. 도서관과 서점을 찾게 되고 직장인들 형설야독했다. 철학적 사유가 담긴 시니컬한 언변에 젊은이들 열광했다. 초인적인 독서로 스스로를 구하고 민중의 각성제로 각인되었다.

독서에는 마력이 있다. 가장 먼저 자아에 눈뜨게 한다. 개인적 성찰에서 역사와 현실에 대한 성찰로 인식의 지평을 열어준다. 세상 이치 알아채고 유비무환하게 만든다. 더욱 깊어지면 반신반인의 경지에 든다. 십만양병설을 예언한 율곡 이이의 독서가 그랬다.

앞으로는 더욱 글의 시대다. 4차 산업 혁명은 언어가 전략이다. 시험 준비용 지시문을 읽는 행위 더는 전망 없다. 비자발적인 독해나 강요된 읽기는 상상력과 창의력을 키우는 독서와는 완연히 다르다. 목적 없는 순수한 독서가 진정한 독서다. 꾸준히 읽기 습관 들이면 지력이 커진다. 담금질하듯 읽어야 자기 기준 더 높아진다. 비루하고 작은 것 안 따지고, 안 갇히고 애면글면 안 한다. 탁 트인 시야로 보다 넓어지고 멀리 보면서도 남보다 빨리 간다.

사라지는 것과 남는 것이 분명한 과도기다. 관습에 젖은 눈과 귀를 닦아내고 낮에도 읽고 밤에도 읽다 보면 지리멸렬한 일상이 극복된다. 권태를 이겨내고 전망을 본다. 'Reader가 Leader 된다'는 말처럼 많이 읽는 사람이 최후에 웃는다. 지금이 위기이고 위기가 기회임을 알아차리게 하는 것도 바로 독서가 한다.

마의 구간

 우뚝 솟아서 인간 세상을 굽어보는 높은 산에는 마의 구간이 있다. 일명 깔딱고개다. 지리산 천왕봉을 오르는 최단 코스는 중산리 순두류 학습원에서 로터리 대피소로 오르는 구간이다. 법계사 능선 왼쪽 길을 따라 개선문 바위를 지나 동쪽 비탈을 더 올라가면 천왕샘이 나온다. 여기서부터 급격해지는 경사로, 300미터를 더 올라야만 정상에 당도한다. 그러니까 본격적인 오르막은 천왕봉 300미터 아래, 남강의 발원지인 천왕샘에서부터 시작되는 셈이다.
 일으켜 세운 듯한 90각도 높이의 암릉 탓에 200미터, 100미터를 좁히려 하면 할수록 더욱 멀어진다. 암담한 발아래, 아찔한 정상이 코앞인 것 같지만 앞뒤의 불균형, 진퇴양난의 코스가 이어진다. 여기가 바로 마의 구간, 천왕봉의 심삭성노 여기에 있다. 연속적인 고통이 영원히 이어질 것 같은, 포기냐 도전이냐의 갈림길을 두고 싸우는 심적, 육체적 갈등이 신탁 수준이다.

수학적인 계산과는 전혀 맞지 않는 산길은 10분이면 충분할 거리라도 체력이 변수, 결국은 건강이 관건이다. 이 지점에서 의지의 대부분이 무너진다. 정상을 내놓지도 않으면서 품을 열고 기다리는 넉넉함에 환장할 지경이다. 솔직한 희망처럼, 모두의 가능성처럼 정상의 정수리가 눈앞에 다가온다.
　가당찮은 기대였던가. 끝없이 먹는데도 허기진 배처럼 오르는데 올라지지 않고 걷는 데도 걸어지지 않는다. 한 걸음 한 걸음이 모래주머니를 차고 물속을 걷는 것보다 더 기진맥진, 지치게 만든다. 심장이 멎는 것 같은 가쁜 호흡, 하산하는 이들의 "다 왔어요, 힘내세요."라는 응원이 환각처럼 뿌옇게 들린다.
　멈추고 서서 보는 마의 구간, 천왕샘에서 올려다보는 천왕봉은 이마에 닿을 듯 지척에 있다. 워낙 덩치가 커서 '하늘은 울어도 천왕봉은 울지 않는다' 했다는 남명선생 말에 두 번 압도 된다. 방전되고 고갈된 체력 소진으로 진짜 산꾼과 산꾼인 척했던 허장성세가 판가름 나는 곳. 마의 구간이다.
　산꾼들은 산행 며칠 전부터 컨디션을 조절한다. 음식도 가려 먹고, 충분한 수면으로 정신력을 보충한다. 일단 산에 들어서면 페이스 조절을 첫째 관건으로 삼는다. 호흡을 통한 명상으로 걸으면서 산행 속도를 일관되게 유지한다. 내려올 마지막 에너지까지 계산하면서 고통을 스스로 감지하고 보폭으로 조절하면서 힘을 비축한다.
　해서 진짜 산꾼들은 객기가 없다. 호들갑스러운 감탄이나 개탄도 안 한다. 불명확한 것도, 모호한 것도 없이 암벽등반에 박아놓은 쇄기처럼 오로지 자기 분별력으로 방향을 잡고 간다. 쓸데없는 곁눈질로 등선을 흩트리지 않는다. 길든 짐승처럼 산의 법칙에만 담담히 순응한다. 산의 소리에 귀 기울이면서 내면의 노여움, 분노, 슬픔, 두려움을 걸러내는 묵언정진이다.

어떤 경우에도 정도를 벗어나지 않는 자제력은 수십 번의 오류와 시행착오 끝에 얻어낸 지혜의 소산이다. 험준한 산일수록 프로다운 면모가 유감없이 발휘된다. 기본을 준수하면 무한대의 자유를 만끽하는 최후의 쾌락을 알기에 고통 끝의 즐거움을 매번 찾아나선다. 그렇게 정신과 육체의 고통의 갈림길, 자신과의 싸움을 관통하는 장벽, 종이 한 장 차이의 시험대가 바로 마의 구간이다.

나는 최근 욕심으로 인한 판단 착오, 성급한 물욕의 오류로 마의 구간과 같은 현실에 직면해 있다. 페이스를 잘 유지하는 것만이 살 길이기에 산을 탈 때의 그 경험으로 나를 견딘다. 비켜 갈 수 없는 마의 구간이라면, 천왕봉이든 인생길이든 꾸준히 걷고 버티는 것 외는 도리가 없다.

부유한 사람이나, 가난한 사람이나 체력과 의지의 맷집이 승패를 결정한다. 평등한 마의 구간이다. 이것이 내가 인생과 산을 사랑하는 까닭이다.

세모 밑 유등축제

　12월, 위드 코로나의 위기와 오미크론 불안 속에 유등 축제 개막했다. 초혼 점등식 점화와 동시에 주변의 모든 등불 일제히 켜졌다. 2주에서 28일로 늘어나고 연말까지 한다니 왠지 편안했다.
　마침, 서울에서 온 손님들 있어 유등축제 나섰다. 청계천의 '서울빛초롱축제'와 비교할 수 없는 아름다움이라면서 감탄했다. 벨벳처럼 부드러운 밤공기와 움직임이 없는 듯한 평온한 거리가 느긋하고 온화하다는 말에 양반 고을 진주라서 그렇다 했다.
　어둠과 밤 앞에서도 위용을 잃지 않는 촉석루 와, 나무와 나무 사이의 정적, 작으면 작은 대로 제 빛을 담 고 있는 색색의 조명에 환호했다. 북쪽인 진주성을 중심으로 동쪽의 선학산, 남쪽의 망진산, 서쪽의 진양호에 둘러싸인 물의 축제를 이토록 가깝게 언제 보겠냐며 1부교를 돈 드는 줄 모르고 왔다 갔다 자꾸 했다. 편도 이천 원인데 육천 원씩 들었다.

예부터 우리 진주는 활발한 교역으로 시장이 발달했고, 가까이 바다와 산이 있어 풍부한 물산으로 부유했다. 일찍이 싹튼 민의는 훗날 형평운동 되어 일어났다. 임진왜란 진주대첩 2차 전투로 7만여 민관군이 순국했다. 임란과 죽은 이의 혼백을 기리는 진혼제의에서 출발한 유등축제를, 국가적인 명분과 아픈 유래와 수많은 인물의 비사와 장구한 세월을 꿰어 스토리텔링 하자 했다. 세계 어떤 축제와도 격이 다르다는 서울깍쟁이들의 칭찬 속에 축제의 밤이 깊어갔다.

내가 중고등학교를 다닐 때만 해도 유등 띄우기는 가장행렬과 함께 개천예술제의 대표 행사였다. 역사는 잘 몰랐지만 뭔지 모를 엄숙함에 이끌렸다. 동원된 학생들이 남강에 어스름이 내릴 때를 기다렸다가 성스러운 마음으로 등을 띄웠다. 가물가물 꺼질 듯 둥둥 떠가는 등불이 어둠 속으로 사라질 때까지 차마 지켜보다가 서럽게 우는 친구도 있었다. 자빠지는 등, 멀리멀리 잘 가는 등. 막연한 동경을 실어 띄웠던 그때의 등 이후로 소망등, 창작등, 풍등, 세계풍물 등으로 확대되었다가 코로나로 싹 다 줄였다.

세밑이다. 차제에 진혼제 원래의 모습을 복원하고 연말 축제로 고정하면 어떨까. 런던 템즈강 불꽃 축제, 뉴욕의 크리스마스 점등식, 혹은 타임스퀘어처럼 말이다. 유료화니, 개천예술제와 통합하니 안 하니 하는 것보다 가는 해를 차분히 응시하는, 지성적인 빛의 축제가 되었으면 해 본다.

윤여정과 명품

석상자오동. 돌 틈에서 자라다 저절로 말라죽은 오동나무를 일컫는다. 척박한 바위틈에 뿌리내려 사느라 일생이 고달픈 오동나무를 베어다 바람과 서리 맞혀 사오 년을 더 말린다. 오동 본래 무른 성질 없어지고 단단한 결로 거듭나야만 거문고 재료가 된다. 그런데 이게 또 다 아니란다. 제대로 된 장인 만나서 최고의 소리를 냈을 때 비로소 최상의 명품이 된다는 것.

윤여정의 오스카상 조연상이 연일 이슈다. 특수한 상황에서도 태연하고 침착하게 상을 대하는 여배우의 태도에 세계가 열광했다. "고상한 채 하기로 유명한 영국인들이 저를 좋은 배우로 인정해 줘서 매우 특권을 가진 것 같다."라고 한 조크는 연예인이라는 직업에서 느끼는 빳빳한 영국문화를 은근히 꼬집었다. 그럼에도 커다란 반응과 호의를 끌어냈다. 좋은 것도 나쁜 것도 무심히 던지고 간단하게 말했다. 연륜이 낳은 풍자와 특유의 입담은 건조했던 축제장을 부드럽게 만들었다. 솔직한 천진성과 거리낌 없는 말솜씨로 아카데미상을 두 번이나 제압한 셈이 되었다.

일찍이 김구 선생 이렇게 소망했다. "나는 우리나라가 세계에서 가장 아름다운 나라가 되기를 원한다. 가장 부강한 나라를 원하는 것은 아니다. 〈중략〉 한없이 갖고 싶은 것은 높은 문화의 힘이다. 높은 문화의 힘은 우리 자신을 행복하게 하고 나아가서 남의 행복을 주기 때문이다." 백 년 앞의 오늘을 본 선각자의 혜안이 놀랄 따름이다. 삼성전자, 김연아, 방탄소년단이 쌓은 국격이 윤여정의 수상으로 한층 더 격상됐다. 조그마한 동양 여인, 그 여인의 나라 대한민국을 다시 더 보게 했다. 동서양의 문화 차이 동등한 힘이 되어 공동체의 장으로 승격시킨 쾌거다.

윤여정 개인 삶은 굴곡이 많았다. 젊은 시절 연기는 생활의 방편이었다. 생계를 걱정하며 앞뒤 불문 뛰어들어 인기는 애초에 단념했다. 고비마다 견디고 버텼다. 사소한 배역에도 최선 다한 연기 인생이 오늘의 예술이 될 때까지 수년이 흘렀다. 그럼에도 뜻밖의 축복이 생광스럽다고만 한다. 체념 넘어 단념까지 한 빈 마음. 석상자오동을 다시 느낀다.

세상에 하나뿐인 이름 앞에 정관사 '더'를 붙인다. 스스로를 극복하고 장인이 된 사람에게도 그런 의미 부여한다. 어느새 칠순 넘은 윤여정 이름 앞에 기꺼이 그 '더'를 붙인다. 최상의 거문고 소리가 인고의 시간 끝에 만들어지듯 시간과 노력의 숙성 거쳐야 인생도 명품이 될 수 있음을 입증했다. 김구 선생 바라던 높은 문화의 힘이 결국 시간의 경과를 믿으라고 했음도 알게 되었다.

외길 인생, 쓸데없는 일에 시간 낭비하지 말 것, 시간을 과대도 과소도 평가하지 말고 그저 믿을 것. 이것으로 철저했을 윤여정의 생활이 프로의 삶임을, 명품 되는 비법임을 세계가 알았다.

심심한 희망

　너무 더워서 이상의 수필 '권태'를 읽었다. 팔월의 역동적인 초록을 두고 권태를 역설한 문장 하나하나에 온종일 붙들렸다. '어쩔 작정으로 저렇게 퍼렇나. 온종일 저 푸른 빛은 아무것도 하지 않는다. 오직 그 푸른 것에 백치와 같이 만족하면서 푸른 채로 있다. 이윽고 밤이 오면 또 거대한 구덩이처럼 빛을 잃어버리고 소리도 없이 진다. 이 무슨 거대한 겸손이냐. 그들에겐 흥분이라곤 없다.'
　제국주의 식민정책은 이상의 문학적 재능부터 거세시켰다. 일제는 이 천재에게 편하게 살라고 베푸는 척했지만 본심은 절필을 강요한 것, 그 자체가 일종의 야유이자 시대의 난센스였다. 천재의 애국심 죽이기는 적중했다. 펜을 던진 후 산촌에 칩거한 그는 권태에 시달리다 끝내 죽었다. 오죽하면 눈만 뜨면 보이는 징글징글한 초록을 조물주의 몰취미와 신경의 조잡성으로 말미암은 무미건조한 지구의 여백이라며 냉소했을까.

그 또한 일제 만행을 조롱으로 맞대응했으나, 배면에 도사리는 것은 암흑의 시대, 그 너머를 초조히 기다리는 실낱같은 희망이었다.
　말복이 엊그제, 더위를 피해 계곡을 찾았다. 길섶 여기저기 맹목적으로 치솟는 옥수숫대, 콩잎, 깻잎, 무성한 호박 넝쿨들이 맹렬한 태양 아래 죽은 척 엎드려 있었다. 숨 막히는 무더위에 식물들의 살길은 깊은 땅속밖에 없어 보였다. 막다른 곳까지 내몰린 이상의 생존 방식과 다를 바가 없었다. 진배없는 자연의 생존본능을 보면서 일제의 만행이 어떠했나 등골이 서늘했다.
　출구가 없기로 치면 그때나 지금이나 별 차이가 없다. 기후변화, 자연재해, 전쟁, 물가급등, 사는 일은 더 옹색해졌다. 건강한 100세라 한들 권태로운 장수는 고통의 연장이고 돈 없는 노년은 감옥살이와 같을 것이다. 시대가 시대인 만큼, 이 지리멸렬 너머에 당도하는 방법은 천태만상 널려 있겠지만 버텨야 할 무엇은 아무 곳에도 보이지 않는다.
　다행히 '권태'의 마지막 문단에 희망이 있어 풍덩 빠졌다. '불나비라는 놈은 사는 방법을 아는 놈이다. 불을 보면 뛰어들 줄도 알고, 평상에 불을 초조히 찾아다닐 줄도 아는 정열의 생물이니 말이다. 그러나 여기 어디 불을 찾으려는 정열이 있으며 뛰어들 불이라도 있느냐.'
　문득, 나를 두고 불나방이라고 했던 어떤 이가 떠올랐다. 그때는 어떤 의미로 그 말을 하는지 몰랐다. 심심해서, 단조로워서, 따분해서 나 자신을 견뎌 내지 못했던 시절이었다.
　차원이야 전혀 다른 경우이겠지만 지나치게 심심해서 극단적 선택을 한 26살 청년, 오죽하면 불빛을 보면

까무러치기 아니면 죽을지라도 뛰어드는 불나비의 맹목을 부러워했을까. 이 '권태'를 쓰는 마지막 순간까지도 권태, 그 너머를 갈구했음이 너무나 역력했던 천재 이상이었다.

심심함이 지나쳐서 극복할 수 없는 권태에 내몰리는 것은 쉽지 않다. 불나비 같은 정열도 용기도 없는 우리로서는 차라리 일망무제, 광대무변한 저 초록의 백치미를 흉내 내면 될 일이다.

권태는 할 일이 없는 상태가 아니다. 하고 싶은 일조차 무의미하게 느껴지는, 존재의 중력 자체가 사라진 상태다. 세상이 희미해지고 내 안의 축은 서서히 이탈한다. 감각은 무뎌지고, 시간은 알 수 없는 방향으로 스쳐간다. 이상의 세계처럼, 모든 사물은 잠을 자고, 모든 언어는 금이 가 있다. 존재는 해명되지 않고, 세계는 설명을 거부한다. 나는 내 삶을 이야기로 정리하려 애썼지만, 삶은 이야기 너머, 감각이어야 했는지도 모른다.

바람에 흔들리는 나뭇잎 하나가 눈에 들어온다. 목적도, 의미도 없다. 그저 흔들릴 뿐이다. 말하지 않아도 존재하는 생의 단순함. 그 앞에서 문득 발을 멈춘다. 그 순간 조용한 희망 하나가 깃든다. 불꽃처럼 타오르지도, 눈부시게 빛나지도 않는다. 다만 부서지지 않겠다는 작은 의지처럼, 묵묵히 살아 있다. 무의미를 견디며 감각 하나를 지켜내는 일. 이상이 그랬듯, 오늘을 통과하는 우리도 그렇게 존재할 수 있다면, 삶은 이미 살아낸 것이다. 심심한 희망일지라도 펜으로 승화시킬 수 있는 삶이 진행된다는 것은 여전히 괜찮은 풍경이다.

멋

 멋있어지기가 어려워졌다. 편리함에 밀려 멋쟁이라는 말이 사라지고 '간지 난다', '뽀대 난다' 같은, 뜻도 없고 멋도 없는 말들이 무질서하게 쓰인다.
 주민센터에서 우연히 이런 글을 읽었다. '10년 뒤에 인간이 컴퓨터보다 잘할 수 있는 일은 단지 즐기는 일뿐이다.' 즐기면 된다니. 신명이 났다. 내가 아는 그 옛 멋이 되살아 올 것 같아 내내 설렜다.
 어릴 때 아버지 따라갔던 동네 다방은 남성 전용 공간이었다. 식전 쌍화차와 조간신문, 입담 좋은 마담과의 농담으로 하루가 시작됐다. 빳빳한 재킷에 백바지, 백구두 차림의 외출 종지부도 다방에서 마무리 됐다.
 우리 근대화의 출발은 카페에서 시작됐다. 개화인의 상징이었던 이상도 직접 카페를 경영했다. 특유의 위트와 패러독스로 자기만의 공간을 연출하면서 서울보다 더 서울스러운 댄디 보이가 되었다. 그의 카페 '쓰루', '맥',

'69'는 신지식인들의 만남의 장이 되어 늘 북적였다. 김동리와 손소희가 커플이 되고 지적 이미지를 중시했던 정지용 같은 룸펜들이 붙박이로 눌러 살았다.

명동의 백작이라 불리던 박인환 역시, 못지 않은 다방애호가였다. 훤칠한 키에 수려한 용모의 그가 명동에 나타나면 뭇 여심이 흔들렸다. 한여름에도 온갖 격식 다 갖춘 신상으로 멋이라는 멋은 다 부렸다. 그러면서도 두터운 코트에 머플러를 두를 수 있는 명동의 겨울을 초조히 기다렸다.

이상의 허무주의를 지나치게 추종한 나머지 죽는 날마저도 그의 기일에 맞췄다. 그야말로 멋에 살고 멋에 죽은 박인환이었다. 이후 박태원, 이효석도 박인환식의 카페 문화에 깊이 빠졌다. 그리고보면 뮌헨의 고독을 절절히 앓다 간 전혜린 문학의 기저에도 이러한 문화가 작동했던 셈이다.

이렇듯 서울의 근대화는 카페에서 왔고 천석꾼 만석꾼의 자제들이 커피에 심취했다. 청산유수 같은 말솜씨, 일필휘지하는 글솜씨, 서구에서 익힌 합리적인 사고로 케케묵은 조선의 인습들을 격파했다. 그들의 자존심이자 마지막 보루이기도 했던 무형의 멋 하나로 세상을 열어 제치고 품을 건 품었다. 없이 살아도 궁상맞거나 인색하지 않았다. 어려운 이가 손 내밀면 애장품을 다 내줄 정도로 호방한 기질을 주저하지 않고 보였다.

경성의 카페에 젖어 들었던 재즈 선율과 커피, 와인은 조국의 수난과 함께 사라졌다. 자유롭고 유려했던 말과 글솜씨는 검열과 탄압앞에 침묵으로 굳어갔으며, 빛나던 펜은 생계나 생명을 위해 꺾어야 했다.

근대 지식인과 문학인들은 나름대로의 멋을 잃지 않으려

애썼다. 그것은 단지 외형의 꾸밈이 아닌, 존재의 태도이자 시대를 견디는 방식이었다. 그러나 그들이 지녔던 멋은 시대와 맺은 암묵의 계약 앞에서 점차 위태로워졌다. 멋은 더 이상 정신의 방어막이 되지 못하고, 역사의 균열 속에서 상처가 되었으며, 때로는 부끄러움으로 남았다. 근대화라는 이름으로 시작된 그 멋은 진보의 열망과 낭만의 충돌 사이에서 방향을 잃었고, 결국 쓸쓸한 우아함으로 막을 내리게 되었다.

그러나 그들이 남긴 잔광은 여전히 유효하다. 시대를 건너며 낡아진 문장들 속에서조차 품격과 고독, 그 절실한 태도의 흔적이 살아 있다. 멋이란 어쩌면, 잊히지 않으려는 정신의 마지막 형식이었는지도 모른다.

멋없는 인생은 밋밋하다. 메마르고 삭막하다. 자칫 무덤덤한 맛으로 끝날 것 같았던 인류의 앞날에 장차 즐길 일만 남았다. 구름 없는 날씨에 비와 바람과 서리의 진미까지 확보한 기분이다. 이왕이면 그 옛날과 유사한, 삶의 근원을 아는 철학과 배포와 풍류와도 어울리는 멋스러움이 되살아났으면 한다. 그것도 유서 깊은 우리 진주에서부터 말이다.

산사 일기

　새는 밤보다 먼저 와서 운다. 피나무 바둑판에 조갯돌을 놓을 때처럼 짱짱한 저 소리가 울릴 때마다 검고 툭툭한 산사의 밤이 소스라친다. 저것이 아니면 천지가 괴괴할 이곳. 어둠은 흑단보다 검다.
　법당 추녀 밑으로 떨어지는 낙숫물이 감은 눈속으로 동그랗게 고인다. 규칙적으로 반복되는 맑은 소리는 온갖 만물에도 마음이 있음을 실감하게 한다. 시간의 구속을 벗어날 수 있는 이곳 생활은 밤과 낮을 잊게 하고 세정의 잡다함을 잊어버리기에 안성맞춤이지만 이따금 들리는 풍경소리가 영혼의 갈피에 금이라도 긋듯 두고 온 현실을 일깨운다.
　지탱할 것을 아무것도 키우지 못한 무력감에 시달리다 절을 찾았다. 나날을 애면글면 급급했기에 움켜 쥘 것이 아무 것도 없다. 간짓대가 간당거리듯 일상이 흔들려서, 정제없는 것에 휘둘리는, 정체불명의 막연한 현실이 싫어서 온 암자.
　저물녘, 객사에 손님이 들었다. 내내 뿌려대는 비로 법당이며 스님 방이 죄 눅눅해졌다고, 공양 보살이 군불을 때야 되나 말아야 되나 중얼대는 군소리가 모퉁이를 막 돌아나갈 때 들어선 여자였다. 며칠 머무를 것인지 여자의 손에는 가방이 들려 있었다. 이 밤, 문득 그 여자의 표정 없던 표정이 떠오른다.

낙숫물처럼 마알간 눈에 알 수 없는 수심이 내려앉아, 화장기 없는 얼굴이 가련하게 보이던 웃음. 너무 말라서 그런지 궁상스럽고 청승맞게도 보였던 인상이 지워지지 않는다. 여자에게 어떤 절박함이 있는지, 저녁 예불을 마친 스님이 공양보살에게 특별히 그 여자를 부탁하는 눈치였다. 스님이 챙기는 그 여자, 그 얼굴에 깃든 곤고함은 무엇일까.

시지프스의 바윗돌. 끊임없이 들어 올려도 멈출 수 없는 순환의 연속을 견디는 일을 그 여자도 되풀이 하고 있는 것일까. 독수리가 맴을 도는 창공에 도달한다 싶으면 되굴러 떨어지는 바위돌을 평생 떠받치고 올라가는 짐보따리가 무엇일까 궁금했다. 거대한 그 돌덩이가 내게로 전이된다. 비껴갈 사람 뉘라서 있을까.

조지훈의 승무를 읊조린다. 승무 속의 여인과 승방에 깃든 여인이 겹친다. 혼돈의 여울물에 목이 잠긴다. 잠시 잤나보다. 낙숫물 소리 똑, 똑. 산사의 밤은 내가 헤아리는 낙숫물 숫자만큼 점점 멀어진다.

법당 한 켠에 우람히 버티고 선 서상목에 바람이 서분거린다. 이런 밤에는 별이 제 빛을 내지 못할 것이다. 툽툽한 구름과 두터운 밤공기가 너무 무거워 별빛이 투과하기가 어려울 것이다. 꿈결인 듯 세사의 번뇌를 별빛으로 승화시킨 지훈의 여인과 또렷한 스님의 여인이 자꾸 겹친다. 아스라한 정점에서 두 상이 하나의 이미지를 자아내는가 싶더니 그만

자맥질해 버린다.
 스님의 독경소리, 3시면 어김없이 들리는 예불소리에 사방 안개가 자욱히 밀려든다. 산과 나무들이, 이승과 저승이 이 안개에 갇힌다.
 새벽시간 법당 한가운데에 앉은 여자의 손에 염주가 걸려 있다. 길고 긴 백팔의 번뇌를 염주알에 감아 그것으로 승천하려는 듯 숨가쁘게 돌린다. 세속의 욕망으로 엎드려 있는 여인과 나의 본심을 산사의 부처는 반쯤 뜬 눈으로 말없이 본다. 변함없는 해탈의 저 미소가 욕망하는 것이 죄가 아니라, 욕망의 불길을 제어하지 못하는 어리석음을 돌아본 적 있느냐고 묻는다.

떳떳한 무능

완벽한 무력감. 이런 속수무책은 처음이었다. 수술실에서 자존감을 지키는 일은 불가능했다. 의식을 없애는 것만이 능사이기에 허공을 응시하며 어서 마취되기만을 바랐다. 아무도 없었다. 수술이 끝난 후 회복실을 찾아온 첫 번째 방문객은 고립감이었다. 이후 모든 선택권을 일방적으로 박탈당했다. 사회적 관련으로부터도 책무에서도 추방당했다. 환자가 된 그 순간부터 고독한 나의 내면이 유일한 동반자였다.

극심한 통증이 수그러들자 다른 근심이 찾아왔다. 이 병이 앞으로도 계속 내 인생에 끼어들 것이라는 불길함과 또 다른 변수를 발생시킬 것이라는 노파심. 잠이 오지 않았다. 문득 무엇인가를 소홀히 했다는 생각이 번쩍 들었다. 주의를 하지 않는 것, 매사 간과한 것. 나의 결함이 바로 이런 것이었다는 각성에 머리가 뜨악했다. 크고 작은 몸의 조짐들을 잘 좀 챙겼어야 했는데 늦었다.

오른쪽 고관절을 쓸 수 없는 신세가 되었으니 아무 데도 갈 수 없었다. 하루종일 누워 있는 댓가로 곳곳의 소속에서 풀려났고 자유를 얻었다. 밤낮의 경계를 지킬 필요가 없고 출근에 대한 긴장도 없으며 직장생활이나 관계의 크고 작은 강박에서도 놓여났다. 그저 흘러가는 대로, 무방비한 채로, 모든 신경줄을 느슨히 풀어놓고 시간 속에 나를 던져놓으면 그만이다. 그런데 그것이 제일 힘들다. 통증을 제외 하면 철들고 난 이후 가장 편한 안락함을 얻은 기회인데.
 그렇게 생각하니, 비극적 생존 속에서도 향락과도 같은 작은 즐거움이 느껴졌다. 아무것도 할 수 없는 육체의 무능 속에 뭔가 다른 것이 꿈틀댔다. 떳떳하게 내세우고, 당당하게 행세해도 대접받는 그 무엇. 그것은 세상일을 묵살해도 된다는 환자로서의 권리였다. 완벽한 무용지물임에도 여왕처럼 대접받았다. 내 몸이 존귀해졌다. 일거수 일투족을 보살펴 주고, 예의를 갖춰 내 증상을 진지하게 대해주니 이런 특혜가 어디 있나. 온갖 하찮은 것들, 속이 썩어 문드러졌던 것들, 화를 돋우고, 신경질을 내게 했던, 무가치한 것들을 침대 밑에 팽개쳐 두어라고 시종 타이른다. 오로지 순수하고 나 자신다운 면모로 매일 매일을 향유해도 되는 인증샷 중증 환자의 특권만 누리면 된다.
 그렇다. 매일을, 침대에 누워 현실과는 완전히 동떨어진 몽환적인 세계로 자연스럽게 떠났다가 자유롭게 돌아오면 되었다. 이토록 당연하고 초연하며 누구의 간섭도 없이, 무거운 책무까지 떳떳이 변제받은 초현실적 안정은 신체의 일부를 해부당하고 봉합한 결과이긴 했지만 혜택이 있는 것이다. 한탄하고 울부짖는다고 해결될 일이 아닐 바에는 앞으로의 추이가 근심되긴 하지만 이왕 걸린 병, 아무에게도 방해 받지 않고 이 풍부한 시간을 누리는 것이 현명하다. 육체의 무능이 정신적 해방으로 가는 출구가 된 것이다.

평온한 영혼, 쾌적한 기분, 부동의 신념으로 오로지 이 병이 내게 전달하는 그 자체의 의미에만 귀 기울이면서 철학적 달관을 키워나갈 일이다. 무력감, 고독감, 불안감은 태연히 뭉개면 된다. 예고 없이 돌아다니고 서슴없이 노크해 들어오는 뇌 속의 잡다한 몽상들과 동행하면서 유장하고 무한한 내 상상의 세계를 키워가면 된다.

생동하지 않을수록, 동결된 육체에 온전히 나를 맡겨 버릴수록, 직무유기를 하면 할수록 더욱 대접받는 이 아이러니, 삶의 여과장치가 되는 무능이라 생각하니 오히려 떳떳하다.

3부 봄빛, 가을색

봄꽃 천리

 이월도 늦은 중순, 금전산 금둔사 납월매를 보러 갔다. 머뭇거리다 서둘러 나선 길, 재촉한 걸음이 무색할 정도로 여섯 그루 육매가 한창 개화중이었다. 고전같이 늙어가는 절간의 모퉁이마다 화장한 여인들처럼 여기저기 서 있는 강인한 납월매, 낙관적인 표정처럼 활짝 피었다.
 그 옛날, 순천 낙안읍성에 육백 살 거목이 있었다. 그 수명 다하기 전, 금둔사 주지가 씨앗을 받아다 심은 것이 세월의 먼 끝에서 여섯 그루로 살아났다. 음력 섣달 경에 핀다해서 그 이름 납월매.
 깨끗한 햇살 받은 진분홍 꽃잎들이 한지처럼 투명하다. 문인화에 배어든 물감이 번진 것처럼 하늘하늘 얇았다. 단아하고 무결한데 향내가 진동했다. 차가운 계절의 뜨거운 꽃잔치, 노스님의 혜안으로 만년 가난 벗은 절이 되었다. 깊은 산 외딴 절 매화꽃이 그득한 밥상 같았다. 공양간 댓돌에서 신을 벗던 보살이 여섯 그루 위치를 찬찬히 일러주었다. 육매

스님 후예인가. 꽃을 심던 그 뜻이나 친절한 저 웃음이 열반에 든 동자처럼 모두가 부처님이었다.
3월 중순, 광양시 다압면 산기슭에 눈처럼 내려앉는 백매화에 도취되었다. 즈음해서 홍 여사댁 농원에도 청매, 홍매, 백매 첨첨히 환호했다. 북서쪽 매화 능선 폭폭 쌓인 눈밭처럼 골짝 골짝 절정이었다. 축제 끝나고도 일주일이 지났는데 섬진강 서안길이 들썩들썩 시끄러웠다. 꽃 사태, 꽃 멀미에 물길조차 어지럽다. 순번을 없애버린 이상기후에 꽃들도 좌불안석, 군홧발을 굴리듯 꽃들을 깨웠다. 우르르 봉기하는 어린 꽃들이 철없는 아이처럼 귀엽고 발랄했다.
불현듯 산동, 구례 쪽으로 방향을 틀었다. 먼 산에도 앞뜰에도 산수유꽃 만개했다. 솜털 머금은 여린 꽃들이 검고 굵은 가지에 공생하듯 붙어 폈다. 몽글몽글 허공으로 연기처럼 퍼져 올랐다. 서늘한 꽃 그림자 산그늘과 관통했다. 응달쪽은 여전히 춥고 찬 겨울이었다.
지리산 골짜기 거쳐 경상 전라 양도를 갈라놓는 협곡으로 섬진강물 흘러들었다. 수정같은 못물 그림자 수면위로 반사되고, 일찍 피고 일찍 지는 노란 꽃잎들이 순리를 따르는 듯 죽는 줄도 모르고 천진스럽게 떨어졌다.
계곡을 걸어 나와 상위마을로 꺾었다. 열아홉에 시집와 팔순 넘도록 마을을 지켰다는 상순 할머니가 산수유 열매를 한 됫박 퍼서 담았다. 자식 공부 다 시키고 대처로 시집 보낸 효자 같은 열매라며 일일이 쓰다듬는 그 눈길에 정이 넘쳤다. 효성에 감동하여 넉넉히 값 치르니 열매만큼 쪼그라든 윗입술이 활짝 펴졌다. 갑자기 김종길의 '성탄제' 속 할머니 떠올랐다. 열이 끓는 어린 목숨을 숯불로 지켜낸 그 할머니와 이 할머니 손주 사랑이 뜨거웠다. 마당 입구 늙어 가는 고목처럼 유순한 노인들이 나름대로 보람 맺는 삶의 방식에 머리 숙여졌다. 한국적인 인간미가 웅숭깊었다.

내친김에 화엄사로 직행했다. 각황전 돌담 옆 삼백 살 노목에 핀 홍매화 붉다 못해 새까맣다. 그래서 흑매라는 이름 달았다. 성글면 성근 대로 도도한 기품이 방어적인 낙천성을 띤, 겁 많은 작은 꽃들과는 격조가 달랐다. 주변 반경까지 고고하고 담담했다.

달짝지근한 공기에 취해 인사불성 걷는 길이 노고단이었다. 천지가 산이고 숲에 쌓인 지리산 주능선이 시작되는 지점에서 잠시 숨을 골랐다. 조곤조곤 따라붙던 물소리, 감미로운 미풍결이 목에 닿았다. 명징한 물소리며, 애잔한 새 잎들 그대로 남겨 두고 내처 하산했다.

사월의 일요일, 섬진강변 다시 찾은 걸음이다. 하동포구 19번 국도 따라 벚꽃 터널 장쾌하다. 화개장터를 감아 도는 세 갈래 냇물 따라 열꽃 돋듯 벚꽃 핀다. 한적한 길이지만 사나흘 지나면 북적거릴 이 거리. 부지런히 서둔 대가로 호젓함은 최고의 보상이다. 갓길에 이화, 도화, 백화들이 두런두런 술렁인다. 선잠 깬 아이처럼 게슴츠레 눈뜨고 천방지축 만개한다. 천지가 꽃판이다.

길 따라 물 따라 쌍계사 경내를 돌다가 내처 불일폭포 올랐다. 꽃과 꽃 사이의 거리만큼 깊이 파고드는 무상감, 산골짝 냉기가 선뜩하게 목을 감았다. 산모퉁이 외길에 일찍 핀 산목련이 봄의 화신인 양 저 홀로 우아하다. 귀갓길 휘영청 달밤이다. 삶의 질곡을 총체적으로 내려다보는 원광의 보름달이 애조에 잠겼다. 샤먼적 신비감을 풀어놓은 긴 긴 외실 십 리. 애꿎은 벚꽃들 제례에 불려 온 듯 시종일관 엄숙하다.

다음 주말 쯤 꽃비가 내리겠지. 그러고 나면 이 봄도 끝이 난다. 사람이나 자연이나 좋은 시절은 금방 가버린다. 백설희의 '봄날은 간다'를 봄내내 불러대서인지 올봄은 유난이 더 빠르다. 천지를 덮는 꽃덤불 속에서 백치처럼 즐거웠던 봄이었다.

삼매 탐방

사람 같은 꽃이 있다. 매화가 그렇다. 단순한 꽃이 아니기에 깊은 정신 느껴진다. 진주 인근 산청군에 이런 매화가 세 곳에 있다. 남사리 원정매, 운정리 정당매, 산천재 남명매, 호칭하여 삼매다.

남사리 예담촌 하씨 고택 원정매는 육백 살 거목이다. 고려말 세도가 원정공 하즙이 심었다해서 이름 붙였다. 우리나라 최고령 매화답게 역사의 풍운을 온몸으로 맞았다. 죽은 가지와 산 가지가 한 몸으로 살아간다. 고목이 힘겹게 피워 올린 백매화는 감탄할 만큼 낙천적이다. 봄 한철 고요한 강촌이 의기양양 부활한다. 소멸하는 것에 깃든 아름다움을 본 날이다.

단속사 옛터 정당매는 고리밀 한학자 강회백이 손수 심온 나무다. 그의 벼슬 정당문학에서 따온 별칭이다. 왕조사의 비운을 잊어버린 듯 백매화 창창하고 햇살마저 넉넉하다. 절터 초입에 세워진 사명대사 유정의 시비에도 만감이 더해 있다. 꽃과 절과 사람과의 인연이 켜켜이 쌓였다. 오래오래 있다 보니 경의 정신 실천한 의로움도 각인된다. 정당매는 눈보라 속에서도 고절함 잃지 않는 설중매의 분신이다. 시대조류 자연 질서에 운명인 듯 순응함이다. 천년 고찰 몰락에 덧없어 말라 하는 당부의 꽃이다. 속세의 인연 끊고 번뇌도 끊고 승과 속 구별 없이 애민사상 꿈꾸던, 무너진 불국정토가 못내 아쉬운 시절이다.

중산리 천변이다. 저무는 노을빛이 강물에 투영되니 티없이 맑아진다. 산천재는 남명의 서재다. 대원사 계곡물과 중산리 계곡물이 합수되는 명당에 터 잡은 후학양성 교육장이다. 천지간 좋은 기가 덕천강에 흘러들자, 전국의 인재들이 의병 되어 결집했다. 매화나무 심은 뜻이 하늘에 닿았다. 기념하여 남명매다. 사백 살 고매는 호령 없는 장군이다. 노기 없는 노기다. 호리호리 큰 키에 준수한 외모로 건국 신화 다름없는 성리철학 꽃 피웠다. 백성들의 동요와 말없는 저항을 연민으로 받들었다. 해서 남명매는 남명의 일생이다. 걸작의 유산이다.

세월 지나 남명매 계승하는 학당 하나 생겼다. 고봉준령 천왕봉 정기 받고 은둔 거사 흠모하는 선비문화연구원이다. 노학자의 발자취를 향기롭게 전수하는 인격도야 수련장이다. 시대의 꽃이 되고 잎이 될 조짐이다.

삼매는 청백리다. 낙향한 선비들의 위대한 포기다. 쇠약 속에서도 울지 않고 낙담 속에서도 웃고 있는 미래지향 봄꽃이다. 반나절 답사길 돌아오는 길에 이런 말 불쑥 나왔다. '내내 강녕하시고 이번 국난마저도 잘 극복하게 해 주소서.'

창렬사의 봄

 남강변이 연둣빛 지천이다. 꽃 진 자리마다 연연한 풀빛들 대신해서 마련되면 바야흐로 남강의 봄이 본격적으로 시작된다. 진주의 서쪽 관문 서장대는 창렬사, 호국사와 함께 어릴 때 놀던 곳이다. 친구 아버지가 창렬사 관리를 맡은 덕분에 유년기 대부분을 뜻깊은 곳에서 보냈다. 임진왜란 2차 진주성 전투에서 순국한 선열들의 업적을 기리는 사당 주변의 자연은 푸르른 호연지기를 내게 가르쳤다.
 위패를 모신 대청마루 끝에서 숙제를 다 하고 나면 김시민, 김천일, 최경회 장군의 최후와 비통한 죽음과 진주성 전투에 얽힌 큰 사연들을 들었다. 최경회와 논개의 애틋한 인연을 듣던 날은 목련에 새순이 서둘러 올라오던 이맘때였다. 온갖 꽃과 나무와 닭과 오리들을 관찰히고 즐겁게 사육 하기도 했다. 친구 아버지가 돌아가시자 그곳에서의 유년기도 끝이 났다.
 '북평양, 남진주'라는 말도 창렬사에서 처음 들었다. 진주와 평양을 대구법으로 표현한 짧은 이 비유는 진주를 평양만큼 격상시키는, 최초로 자긍심을 느끼게 해 준 말이었다.

단편 소설의 대가인 김동인은 평양예찬론자다. 선대부터 뿌리 깊은 평양 사람이었던 그의 작품 곳곳에 평양과 대동강 부벽루가 등장한다. 배따라기에 '장구 소리와 기생의 노래는 멎고, 배따라기만 슬프게 날아온다'를 읽었을 때 기생문화와 풍류의 평양이 먼저 떠오르고 이어서 진주가 함께 떠올랐다. 또 그의 작품 '감자'에서는 평양성을 대표하는 칠성문을 배경으로 빈부 차이를 극명하고 리얼하게 묘사했다. 지금은 잘 정비되었지만, 한때 진주성 안 '안성'도 감자 속의 풍경과 몹시 비슷했다. 굳이 평양과 진주의 냉면까지 결부 짓지 않아도 대동강과 남강, 부벽루와 촉석루, 평양감사 진주목사의 호응은 비교를 이미 넘어 쌍벽을 이룰 정도로 친숙한 대결이다.

김동인과 함께 장편소설의 대가인 이광수의 대표작 '무정'에도 칠성문이 크게 언급된다. 이 지역이 빈곤과 낙후의 전형적인 공간이 된 까닭에 대해 철도가 생기기 전에는 지나가는 손님도 있어서 술도 팔고 떡도 팔더니 지금은 장날이 아니면 사람 그림자도 보기가 어렵다고 서술하는 문장이 있다. 칠성문 밖을 대표하는 존재는 낡디낡은 탕건을 쓴 노인을 비유함이다. 노인은 '낙오자'이자 '과거의 사람'으로 묘사된다. '감자'와 '무정'이 발표된 시차는 10년이지만 '무정'은 '감자'의 후속 편이라고 해도 좋을 정도로 칠성문 바깥 세계의 몰락을 지적 했다. 촉석루 바깥은 지금 어떻게 되어가고 있나.

희망교의 봄, 희망의 봄

 강변 산책길이다. 눈 깜짝할 사이 꽃이 지고, 어린잎 조심스레 얼굴을 내민다. 햇살에 반짝이는 연둣빛 잎맥은 마치 갓 깨어난 눈매처럼 생기롭고 또렷하다. 진주성 성벽을 따라 언덕에도 초록이 번져간다. 봄은 늘 이렇듯 소리 없이 다가와, 상념처럼 우리 안에 머문다.
 새벽 산책은 어느새 일상이 되었다. 내동면 유수역 폐철로를 따라 희망교에서 천수교까지, 남강변을 걷는 일은 내 하루의 문을 여는 의식처럼 반복된다. 걷는 걸음은 어제와 같지만, 바람의 결, 물빛의 깊이, 풀잎의 기울기까지 모두 새로운 얼굴로 나를 맞는다. 희망교는 남강의 최상류에 놓인 다리로, 내동면과 평거동을 잇는다. 그저 물리적 공간을 연결하는 구조물이 아니라, 명산의 기운과 도시의 기억을 매개하는 상징적 장소다. 전왕봉에서 발원한 정기가 서장대를 지나 촉석루로 흐르고, 마침내 의암에 머무는 물길은 마치 오래된 순례자의 발걸음처럼 정중하고 꾸준하다. 그 흐름을 따라 걸으며, 나는 비로소 여기 있음의 충만함을 느낀다.

희망교는 단순한 다리가 아니다. 땅과 땅, 사람과 사람, 기억과 시간, 상실과 가능성을 잇는 하나의 조형 언어다. 그러기에 희망이란 단어는 언어가 아니라 신념이 되어 마음에 깃든다. 그것은 어떤 결과나 보상을 향하지 않는다. 기다릴 줄 아는 느린 마음, 조급함을 견디는 차분한 감각, 흘러가는 것을 수용하는 넉넉한 태도에 더 가깝다.

희망교는 말한다. 진정한 희망이란 성취의 크기가 아니라, 지켜내는 것의 깊이에 있다고. 그것은 목숨보다 뜻을 우선했던 저항의 기억, 무지를 일깨우는 교육의 전통, 나보다 공동체를 먼저 생각했던 삶의 윤리에서 비롯된다. 말없이 흐르되 단단하고 깊게 흐르는 남강같은 삶의 태도야말로 천년 고도를 떠받친 진주정신의 핵심이다.

이 길을 걷는다는 건 단순한 운동이 아니다. 선대의 발자취를 따라 삶의 의미를 묻고, 나의 사유를 포개는 일이다. 어떻게 살아야 하는가 하는 질문도 이 길 위에서는 두렵지 않다. 이미 누군가 걸어간 길이고, 지금도 함께 걷는 이들이 있으며, 앞으로도 그 길을 이어갈 새로운 세대가 있기 때문이다.

진주는 서두르지 않는다. 남강도 마찬가지다. 둘은 흐름 자체로 시간을 기억하고, 역사를 반추하게 한다. 거울처럼 고요한 새벽 강 위로 물빛에 젖은 조명이 번지고, 그 잔광은 '남가람 별빛길'로 이어져 진주의 밤을 천천히 깨운다. 희망교의 봄은 날마다 다른 음색으로 존재를 부른다. 자연은 침묵하지만, 그 고요 속엔 수많은 표정과 언어가 스며

있듯이 이 봄에 깃든 희망은 오래도록 내 안에 남을 것이다.

꽃의 위로

　일요일 뜬금없는 나들이다. 진주에서 하동까지 잘 닦인 2번 국도를 고속도로처럼 달린다. 쭉 뻗은 4차선이 막힘없이 뚫린다. 코로나로 인한 우환이 아니라면 인파로 미어질 이 길. 새 길로 인해 저만치 물러난 옛길에 벚꽃 행렬 꿈같다. 조용한 산촌에 사람은 간데없고, 무심한 벚꽃들이 저희끼리 떠든다. 대문마다 돌담마다 몽글몽글 피어난다.
　잠시 조는 사이 하동포구다. 강 건너 억불봉, 강 이쪽 형제봉. 섬진강 유려한 물곡선이 낭창낭창 감아돈다. 연둣빛 능수버들 강바람에 늘어지니 악양면 만경들판 감개무량 펼쳐진다. 삽상한 공기를 눈으로만 마신다. 자애로운 햇빛도 살갗으로 누린다. 귀농한 인구들이 맹목으로 터 잡은 산기슭 명당들이 덕담처럼 따뜻하다.
　먹점 마을에서 10분이면 당도할 화개장터가 눈앞에서 멈춘다. 드라이브스루로 가다서다 반복하더니 꽃터널 한복판에서 옴짝달싹 않는다. 기약 없는 기다림인데도 지루할 여지없다. 축복 같은 꽃사태를 찍고 담느라 분주한 춘객들 뒤에 두고, 마흔 넘긴 고목들이 장쾌하게 품을 연다. 확고하고 대담한 꽃의 진동. 활화산 같은 꽃기운이 하늘까지 닿는다. 휘늘어진 가지들도 덩달아 열광한다. 사람들의 탄성들 여기저기 터진다.

쌍계사 시오리 길. 김동리의 '역마'로 운명적 굴레를 반추하는 길이다. 언제 걸어도 멀게 느껴지지 않는다던 소설 속 그 사나이 걸어서 나올 것 같다. '그 온갖 떠돌이 인생들이 화개장터로 몰렸다. 지리산 더덕 캐고 산나물 봇짐 진 화전민들 화갯골서 내려오고, 방물장수 항아장수 구례서 내려와'라는 명문장을 단번에 기억한다. 텁텁한 막걸리에 시름 풀고 설움 견딘 그들만의 장터 공간 두루 돌아본다.

현대판 상가들로 변신한 화개장터는 박하분 동백기름 아련한 그런 정취 모두 다 사라지고 오지 않는 남정네 평생을 기다리던 주막집 늙은 노파 쇠된 목소리, 육자배기 장탄식도 들리지 않는다. 마스크로 동여맨 말 없는 객들만 거리 둔 보폭으로 기웃기웃하다 간다.

쌍계사 초입까지 내쳐 걸었다. 계곡물 가까운 자리 찾아 도토리묵 시킨다. 꽃그늘 평상위로 보름달 휘영청하고, 원광의 달빛이 사하촌에 앉은 여객을 부드럽게 바라본다. 불일폭포 얼음 녹은 찬 물살이 가세하여 골골골 내는 소리 듣고 있자니, 난세 속 낙원이 여기라는 생각에 시름을 놓는다.

팽창한 환상 품고 돌아가는 밤길에 동맹한 꽃과 달이 포구까지 따라온다. 쾌활한 자태와 청초한 눈망울마다 섬광 같은 암시 담아 '잘 가시라' 배웅한다. 결말 없는 시절 꽃들의 위로 덕분에 구운몽 같은 하룻길 답사였다.

나무가 전하는 말

화분이 깨졌다. 나무가 품고 있던 동그란 햇볕과 바람과 추억까지 함께 깨져버린 셈이다. 구례로 가는 천은사, 그 숲에서 캐 온 마삭줄은 내 집으로 온 후 시름시름 앓았다. 나무에도 마음이 있어 제 터전을 잃어버린 상심이 도시의 바람과 공기를 외면한 것으로 짐작했다.

봄날이 오면 파릇하게 싹을 틔울 것을 기다리던 나의 마음이 허물어졌다. 잘 키울 수 있으리라는 애초의 기대도 주저앉았다. 한 계절을 오롯이 앓기만 하던 고통의 행려, 나무의 절망이 한동안 떠나지 않아 다시는 꽃이든 나무든 캐오지 않으리라 했다.

오래 전 초등학교에 입학한 둘째 아이의 교실에 화분을 보낸 적이 있었다. 달리 마음을 표현할 길이 없어 보낸 호접란. 나비처럼 비상하려는 몸짓이 절정에 달한 꽃을 교실에 두는 것이 더 나을 것 같았다. 보내는 날에 봄비가 내렸다. 선생님으로부터 답신이 왔다.

어머니, 비 오는 날 하얀 나비 한 마리가 제 창가로 왔어요. 꽃을 보는 순간 그동안 아름다운 것들의 의미를 잊고 살아왔다는 생각이 들었답니다. 제 영혼에 봄비 같은 축복을 받은 하루였습니다.
그러나 해마다 이맘때가 되면 제게로 오는 나무들을 잘 키우지 못해 몹쓸 짓을 하는 것이 부담되어 옆 반 선생님께 시집보내려구요. 이해해 주세요. 다행히 식물을 잘 키우는 선생님이니 저도 꽃도 안심할 수 있습니다.

내가 좋아하면 남도 좋을 줄 알았던 내 경솔이 무색했다. 꽃에도 선생님에게도 부끄러웠다. 그러나 읽을수록 선생님의 진심이 느껴져 민망함은 좀 가셨다. 부주의로 죽을 수도 있는 식물을 배려하는 깊은 마음에 호감이 더했다. 나의 욕심 사나움으로 죽어간 마삭줄과 다른 선생님으로부터 다시 꽃 피울 호접란의 일생을 돌아봤다. 두 식물의 우연한 일생이 사람의 운명과 비슷했다. 좋은 선생님 밑에서 자라고 있는 내 아이도 작은 것들을 소홀히 하지 않는 인격체로 성장할 것이라는 믿음을 얻었다.
쏟아진 흙더미에서 나오는 벌레들을 보았다. 고물고물, 미적거리는 행렬이 신기하다며 두 아이가 환호할 때 비로소 나의 시선에 포착된 생명들이었다. 재재거리며, 가늘고 분주한 발로 숨을 곳을 찾는 돼지벌레, 정신없다면서도 무리에서 이탈하지 않으려는 개미들의 어수선함, 성충이 되지 못한 연둣빛 어린 거미. 그들은 갑자기 사라진 터전 때문에 어리둥절한 모양. 수습되지 않는 혼란에 섬섬섬, 산발하여 흩어졌다가 모였다가, 긴 다리를 콤파스처럼 움직여 달아나기 바빴다. 나는 내 발에 밟히지 않도록 조심하면서 각자 살길을 찾는 어린 것들을 끝까지 지켜보았다.

귀신도 좀 쫓고

보름날 동창 J와 진주중학교를 방문했다. 진주 춤을 전승하고 그 가치를 홍보하는 J는 팔검무 전수자다. 늦깎이 열정으로 '학교를 찾아가는 문화예술'이라는 기획에도 합류했다. 현장 반응이 녹록지 않은 모양이었다. 발품 마다하지 않는 J를 따라 기꺼이 동행한 걸음이었다.

교장선생님이 큰 힘이 되었다. 향교에서 명심보감을 공부하고, 아버지 합창단 단장으로도 활동하면서 역대 교장선생님들의 업적을 기리는 것으로 진주정신을 가르치고 있었다. 문화예술이 미래임을 공감했다. 퇴직 후 문화해설사로 살아갈 새로운 인생을 벼리는 모습이 남달라 보였다.

교정에서 보이는 비봉산이 이마에 닿았다. 산자락 스쳐온 바람 끝에 봄기운이 완연했다. 전통만큼 오래된 교목에도 물이 올랐다. 담장 옆 수수한 촌로가 운영하는 밥집에 들렀다. 오곡밥 갖은 찬들이 꽤 정성스러웠다. 어릴 적 풍경들이 아련해졌다. 조리 들고 오곡밥 얻던 조무래기들은 종일 춤판을 따라다녔다. 색색의 고깔모자 쓴 춤꾼들이 북, 징, 꽹과리로 터를 울리면 원색의 무쇠 소리가 맨 나중까지 여운을 남겼다. 땅 신을 달램으로써 한 해 농사의 풍년을 기원했던 동네 단위의 축제요, 일종의 종합예술이었다. 정월대보름 행사는 바야흐로 봄을 여는 신호탄이었다. 코로나19는 이런 풍경마저 앗았다. 땅 울리는 소리가 어디서도 들리지 않는 쓸쓸한 낮이었다.

그날 밤 경남문화예술회관에서 '국수호' 춤 공연이 있었다. J의 해설로 우리 춤, 우리 악기, 우리 몸짓을 제대로 보고 배웠다. 흥과 멋과 운치가 장관이었다. 춤꾼들이 장악한 무대는 가히 역동적이어서 관객들이 일제히 들썩였다. 손뼉 치고 환호하며 신명이 났다. 고요한 아우성, 정중동인가 하면 어느새 포효이자 절규로 변했고 내처 달리고 몰아쳐 북으로 장구로 파죽지세 흔들었다. 대지와 우주를 가로막은 장벽을 무너뜨리고 재난 극복 의지를 한껏 북돋운 대동단결의 밤을 자아냈다.

로비에서 국수호 선생님을 만났다. 귀한 무대 마련해 주심에 감사하다는 인사들에 "시국이 이럴수록 결판지게 한 번 놀아 봐야지유. 해서, 진주 땅도 울리고 코로나 귀신도 좀 쫓고 그랄라고 왔어유." 답답한 마스크 너머 담대한 바람 한 점 제대로 들어왔다.

문화도 예술도 가치 전승도 모두가 사람이 하는 일이다. 역병을 쫓아내는 행위마저 예술로 승화시킨 우리 춤사위 공연에서 진주의 미래를 보았다

물의 도시, 진주

 위대한 도시에는 물이 있다. 베네치아, 로마, 파리, 부다페스트, 비엔나, 소주, 항주…. 진주도 그렇다. 흐르는 물을 따라 문화와 예술이 탄생했고 로맨틱한 인간 정서 유려하게 펼쳐졌다.
 일본 북알프스 최고봉인 야리가다케(3,180m)를 갔을 때, 산길을 끼고 흐르는 기나긴 물길을 보았다. 만년설 빙하가 녹아내린 물이 한여름인데도 투명하고 손이 시렸다. 존재의 심원으로부터 흘러나와 끝없이 이어지는 것 같은 비경에 취해 넋을 놓고 바라본 기억이 생생하다. 후쿠시마, 고베, 홋카이도에도 소하천을 잘 정비해서 관광객들 발길 끌었다. 원래 있던 자리에서 자연스럽게 흘러가게 만든 물길 하나가 좋은 인상 남기고 도시를 살렸다.
 진주에도 이런 하천들 많다. 남강, 덕천강, 나불천, 가화천이 있고 명석, 대평, 문산, 금곡, 사봉에서 남강으로 유입되는 도랑들이 있다. 내동에서 발원하여 사천시 축동을 거쳐

사천만으로 유입되는 가화천은 총 12.52㎞ 긴 유로인데 비가 오면 은하폭포 방불할 정도로 물기운이 세차다. 짙푸른 산빛과 건강한 대숲을 적시는 강 풍경을 수려하게 정비하면 세상 어디에 내놓아도 손색없을 정도다.

내 집 주변만 해도 독산리의 모산천, 신율리의 큰밤실천, 작은밤실천, 뉘실천, 대동천이 있고, 삼계리에 삼계천과 구싯골천, 유수리에 앵골천, 시음골천, 유동천, 가호천, 목화골천도 있다. 소박한 영혼 같은 이런 실개천 부지기수 사라졌다. 1970년대 도시개발에 편승한 나머지 복개천으로 죄 덮어 도로로 만들었다. 자연 대신 자본을, 정신 대신 물질을 선택한 결과 사람들 마음 메말라지고 바람길, 물길조차 까마득히 잊었다. 옛사람, 옛 기개, 옛 풍류를 잊었으니 물의 도시, 교육 도시라는 명분이 자연히 퇴색했다.

이제라도 생명을 머금지 않은 단단한 콘크리트 걷어내고 한동안 외면당한 죽은 하천 살려내면 어떨까. 멋대가리 없는 지름길과 값싼 지질함과 싸구려 개발에 치중한 나머지 땅속에 묻어버린 여린 물길들, 개천들 동서남북 이어주고 흐르게 해서 아치스러운 물의 지형 되살리면 좋겠다. 물을 통해 움직이고 물을 통해 선해지고 물을 통해 맑아지면 구름 같은 도포 입고 의관까지 정제한, 호방한 진주 풍모 제자리 찾아올 것만 같다.

앞마당 뒤 뜨락을 구김살 없이 흐르는 크고 작은 실개천들 남강으로 유입되는 그런 날이 오게 되면 세상에는 위대한 물의 도시가 하나 더 생길 것이다.

미망

  피곤하다는 기색도 없이 피고, 피고를, 하염없이 되풀이하던 배롱나무꽃이 거의 끝이 보였다. 폭염에도 참 용하다 싶었다. 퇴근길에 몇 달째 소식을 끊고 지내던 후배 집으로 갔다. 좋아하던 음반과 국화 분을 샀다. 한산한 마을, 먼 절집 종소리가 여운을 끌다가 길게 사라졌다. 다 저물녘이었다.
  '바쁜데 왜 왔냐고….' 눈은 그렇게 말하는데도 간절한 마음이 아프게 꽂혔다. 그 사이 더 야위었다. 그러고 보니 마루에 쌓였던 책들이며, 음반, 화분들이 죄 보이지 않았다. 마당도 말끔했다. 이미 주인의 보살핌을 잃어버린 집은 깊은 잠에 빠졌다. 추녀 끝 풍경도, 수련이 청초하던 연못도 옴짝달싹 숨을 쉬지 않았다.
  폐암 말기, 병이 들자 여기서 치유하고 생을 마감하자는 결심으로 들어앉은 흙집에서 그녀가 누렸던 행복은 얼마만큼이었을까. 이마에 와 닿는 따스한 햇볕, 청신한 바람,

풍성한 과일들. 이만하면 행복한 것 아니냐고 희미하게 웃던 때가 2년도 더 되었다. 이제 그 햇살 한 줌만큼도 남은 것 같지 않았다. 부서질 듯한 초췌함은 아름다움에 눈 멀었던 젊은 날의 자화상조차 놓아버린 듯 체념에 내려앉은 얼굴이었다.

'재물은 많으나 건강이 미치지 못하여 단명함'. 자신의 사주를 업고 다니면서 되뇌고 불안해 했었다. 연애 시절 결혼하고 자식을 낳는 것은 죄악이라면서 목숨 던질 만큼 열렬했던 연인마저 정리했다. 출산의 경험도, 옥신각신 결혼생활의 희로애락도 겪지 않았건만 육체의 노화 속도는 현저히 빨랐다. 좌절감에 잠을 이루지 못하겠다고, 심장이 울렁거려 호흡하기 힘들다고, 늦은 밤이거나 이른 새벽에 하소연할 때까지만 해도 삶에 대한 집착이 강하다고 여겼기에 얼마든지 이겨내리라 믿었다. 이제는 서리 앞둔 가을꽃처럼 배배 틀어지고 속수무책 말라버렸다.

마당에는 붉은 꽃무릇이 한창이었다. 꽃이 지고 나서야 이파리가 피니까 결코 만날 수 없는 꽃. 슬픈 꽃이다. 그마저도 이 가을에 서둘러 피었다가 서리를 맞고 나면 지고 말뿐. 꼭 자결하려는 마음 같았다. 아름다운 죄 사랑 때문에 홀로 지는 꽃무릇과 후배의 인생에서 나는 비극의 묘한 일치를 느꼈다.

땅거미 길게 내린 길을, 멀리멀리 에둘러 돌아오는 밤길에 배롱나무 마지막 꽃이 떨어지고 있었다. 저녁 빛을 받은 은은하고 부드러운 꽃색들이 선계처럼 신비감을 자아냈지만 어두운 그림자가 내 몸을 감쌌다. 조만간 꽃이 진 저 자리에 감잎이 물들기 시작할 것이다. 자연과 자연이 자연스럽게 자리를 내어주고 떠나려는 이 계절, 어느 해보다 심란했다.
 후배에게 해 줄 수 있는 일이 아무것도 없었다. 알게 모르게 진 마음의 빚도 있고, 깊이 숨어있는 내 죄도 있고, 산 사람은 산 대로 붙들고 살아야 하는 현실의 욕망이 있다는 것이 쓸쓸했다. 가을이 본격적으로 시작되기 전에 이것들을, 이 인연들을 잘 정리해야 내가 살 텐데.

까뮈의 가을, 헤세의 가을

만추다. 황금빛 은행나무, 자홍색 단풍나무, 담적색 화살나무, 검붉은 벚나무. 황토색, 담황색, 노갈색, 적자색, 주홍색…, 형형색색의 저 가을을 두고 까뮈는 '모든 잎이 꽃이 되는 두 번째 봄이다.'라고 했다. 이에 비해 헤세는 시 '낙엽'에서 '꽃마다 열매가 되려고 하네./아침은 저녁이 되려고 하네./변화하고 없어지는 것 외에는/이 세상에 영원한 것은 없다네. 〈중략〉 가만히 내버려다오./바람이 그대를 떨구어서/ 집으로 불어 들어가게 하여라.'라고 읊었다.

조락의 쓸쓸함도 있고 위드 코로나와도 무관하지 않아서인지 근원을 노래한 철학적인 음성이 깊게 파고든다. 11월, 방역 지침이 대거 완화되고 학원, 영화관, 공연장부터 식당, 카페, 목욕업소 등의 제한이 풀렸다. 그 청신호로 개최했던 제70회 개천예술제가 지난 일요일 막을 내렸다. 촉석루 앞 서제식을 50인 범위로 대폭 줄이고 객관적이고 중립적인 서제 발문도 '펴자! 나누자! 안아 보자!'는 포용의 슬로건으로 바꿔 걸었다. 뮤지컬 촉석산성 아리아, 예술경연대회, 버스킹 공연, 각종 전시회도 진주성 안팎에서 차분히 열렸다.

마스크 착용 절대 수칙과 사람 많이 모이는 불꽃놀이, 유등축제, 먹거리, 풍물 장터 아예 없앴다. 그런데도 진주 거리 활기에 찼다. 그 얼굴에 햇살 받은 파안대소와 무게 중심 바로 잡힌 건전한 보폭으로 쾌적한 관람문화 보였다. 어둡던 거리에 네온사인 반짝이고 카페 조명 늦게까지 아늑했다. 식당가 단골집마다 왁자하게 들썩여도 가을밤 애수는 남강에 뜬 달빛으로 달랬다. 지은 죄 없었는데 구속받다가 사적 모임 10명까지 허용받고 숨통이 트였다. 가족 모임. 친구 모임, 그뿐 아니라, "한번 봐야지, 그래야지" 했던 말빛까지 깊게 되었다.

어떤 삶을 살아야 할지가 분명해졌다. 힘들이지 않아도 편안한 관계, 과장하지 않고서도 끈끈한 유대감, 성급하지 않아도 무르익는 일상을 영위할 때다. 당당하고 호기로운 선택도 있어야겠지만 마음이 흘러가면 가는 대로 멈추면 멈춰지는 대로, 빈 곳을 채우는 가로등처럼 점멸하는 계절에 동화되어도 좋겠다.

끝물 단풍이 고샅까지 내려와 지척에서 유혹한다. 까뮈의 두 번째 봄도 그리 오래 갈 것 같지가 않다. 그렇다면 바람이 떨군 낙엽처럼 귀소본능의 여우같이 저마다의 집을 동굴처럼 만들어 동짓달 긴 밤까지 헤세를 읽어도 좋겠다. 포트에 끓는 찻물처럼 소쇄하게, 소소하게, 무발하게 해 넘기는 방편으로 삼아도 좋겠다.

만추

 만추의 서정 속에는 본질적인 빈곤이 묻어난다. 약해지거나 사라지는 것들이 자아내는 일종의 쇠락감 같은 것. 나이 차이는 좀 있지만 둘도 없이 친한 친구가 유학을 포기하고 돌아왔다. 벌써 두 번 째의 시행착오. 젊은 날 완치되었다고 믿었던 병이 다시 재발한 것이다. 병문안을 갔다가 돌아오는 길에 큰 나뭇잎이 발길에 툭 채었다.
 그날 밤 탕웨이와 현빈이 주연했던 영화 '만추'를 다시 보았다. 카메라에 잡히는 물리적인 늦가을과 불안정하고 슬픈 삶의 이미지를 관통하는 두 개의 만추가 색채를 섞은 풍경화처럼 재현되었다. 가라앉듯이 느리게 전개되는 장면들은 멈추지 않으면 자칫 간과하게 되는 우리 삶의 본질적인 쓸쓸함을 비췄다. 허술한 듯, 채워진 듯, 나약하고 텅 빈 것들의 가치들이 새롭게 보였다.
 감옥에서 나온 여주인공은 여가 시간을 철저히 움직였다. 누구와도 타협하지 않았고, 현실을 망각하지도 않았다.

후회없이 사랑하고 인간답게 살 수 있을 기회가 많지 않다는 사실을 명확히 인식했다. 다시 감옥으로 돌아가야 하는 초조로 하찮은 것들의 대부분을 돌아보지 않았다. 결혼생활의 불행을 일으킨 무가치한 사랑도 버렸다. 순수라는 거대한 것 속에 스스로를 묻어버릴 결심, 마지막 사랑, 그것이면 족했고 마지막 구속이었다. 어떤 사람과는 약속을 지켰고, 어떤 이들에게는 더 무심해졌으며, 어떤 사람과는 원망스러운 관계로까지 변질된 모든 기억을 하나하나 정리했다. 한 걸음도 내디딜 수 없는 불안한 현실도 이미 건넜다.

체념을 거듭함으로써 체념이 삶의 방편이 되었다. 진실한 연인을 만났을때도 기대보다 체념으로 감옥을 다시 돌아갔다. 황량한 결말과정이 천천히 오랫동안 클로즈업되었다.

가을비가 어둡게 내리던 날 병실을 다시 갔다. 친구의 얼굴빛은 바랜 계절보다 더 바스락거렸다. 희붐하게 꺼져가는 의식이 돌아올 때마다 "다시 갈 거야…, 꼭 갈 거야…."라는 말만 되풀이 한다는 것이다. 꺼져가는 등불 같은 목숨. 자기만의 염원에 매달리고 있는 친구를 딱히 책망할 것까진 없다고 하면서도 저 지경이 된 상태에서 무엇을 위한 유학인지, 의구심이 떠나지 않았다.

20년도 더 된 유학 가기 전의 파티가 기억났다. 직장에 매여 살던 나는 항상 그 친구가 부러웠다. 일 년 중 가장 좋은 절기마다 해외여행을 다니고, 풍부한 경험과 어학 실력으로 자기 꿈을 펼치는 그 보헤미안적 삶에 질투도 했었다.

남편 잘 만난 덕에 평생 하고 싶은 것만 하고 사는 그녀를 만날 때마다 젊은 시절 내가 하고 싶은 일에서 좀 더 인내하지 못하고 도망치듯 돌아온 내 선택에 대한 자책이 극에 달했을 때였다.
 술 기운이 알딸딸하게 올라서였을까. 친구 몇이 과일주 몇 잔에 한탄인 듯 자조인 듯 결혼생활의 속박에 관한 얘기들로 횡설수설했다. 그때 갑자기 그 친구가 자유로운 출발을 당당히 선포했다. 허영끼가 다분한 과잉포장, 섣부른 결심이겠거니 했다. 밖은 어둠 말고는 아무것도 없었다. 밤이 아주 깊을 때까지 우리들은 책임지지 않아도 되는, 대책 없는 응원들을 열렬히 보냈다. 그렇게 유학을 갔다가 콜로라도 대학원 2년 차 강의실에서 쓰러졌다. 귀국, 다시 출국을 두어 차례 반복한 끝에 걷잡을 수 없이 망가진 지금의 상태가 되고 말았다.
 무성한 욕망들이 떨어져 나간 늦가을 풍경은 어떤 작은 일에도 기도하지 않으려던 탕웨이처럼 허허롭다. 꼬깃꼬깃 구겨지고 완전히 덫에 갇힌 친구의 모습도 시간의 우연성에 의지할 뿐, 달리 도리가 없어 보였고. 처음으로 체념하기를 기도했다. 사랑하고, 좌절하고, 제비뽑듯 행운을 차지하고, 죄를 범하고, 쫓겨 다니기도 하는 인생들. 파노라마처럼 전개되는 만추의 빗길 속에서 갈 곳이 없기로는 나도 마찬가지. '만추'의 탕웨이 말고는 거머쥘 것이 아무것도 없는 늦가을이다.

경계 구역

　제주도에서였다. 소문대로 우도까지 중국인 거리, 중국인 천지였다. 청나라 사람 같은 오만한 표정들이 여기저기 떼를 쓰고 판을 쳤다. 배를 탈 때도 줄을 설 때도 그들의 무질서는 민족성이라 단정해도 미안하지 않았다.
　그악스러운 매미 소리처럼 떼로 몰려다니는 목소리는 감당하기 어려웠다. 스트레스가 이만저만이 아니었다. 하필이면 숙소까지 옆방일 건 없었다. 시끄럽기만 한 것이 아니라 거만하기까지 했으니. 잘생긴 데 없이 무례하고 내세울 몸매도 아닌데 늘 벗고 설쳤다. 무관심하거나 거리 두기 외는 피할 방법이 없었다.
　일은 호텔 수영장에서 일어났다. 우리는 여행 마지막 날이었고, 그들은 이틀째였다. 한여름 뙤약볕이 무서워 남은 일정을 포기하고 카페테리아에서 커피에 피자 섬도 먹고 귀항할 계획이었다. 오전에 그늘 진 쪽은 좀 선선해서 가지고 온 샤워 타월을 장의자에 깔고 반쯤 졸고 있을 때였다. 난데없이 옆방 중국인 부녀가 나를 향해 뭐라고 뭐라고 사성 특유의 높낮이로 자갈밭 굴러가는 소리를 냈다. 못 알아듣고 벙벙해 있자니 점입가경, 쏘아대는 위력이 속사포, 장사포 수준으로 커졌다.

맞대응하려고 벌떡 일어나려는데 아들이 나를 제어했다. 긴 외국 생활에서 잠시 입국한 아들이 구경만 하라는 눈짓을 제스처와 함께 보냈다. 중국어에 능통하다는 사실은 알면서도 보호 본능 때문인지 불안불안했다. 한마디도 못 하는 나보다는 낫겠거니, 잠시 주시했다.

사성까지 잘도 오르내리길래 웬 중국 청년인가 싶을 정도로 아들의 목소리도 커지기 시작했다. 나만 알고 있는 열 받았을 때의 표정도 나오고. 큰일 났다 싶어 잔뜩 긴장해 있는데, 갑자기, 무슨 일인지는 모르겠지만, 순식간에 상황이 종료된 것이다. 원, 싱겁기는. 맹탕 친 일당벌이처럼 허전하고 바람 빠진 기분이긴 했지만, 이만한 것이 더 다행 아닌가. 아들은 씩 웃기까지 하면서 우리 쪽으로 오는데, 엉큼한 걸음으로 뒤로 게걸음으로 빠져나가는 저것은 뭔 시츄에이션?

아들이 한 말을 통역하자면 "너희들 방문 앞의 수영장이 너희들 것이야? 아니지? 비치파라솔도 그렇다. 너희들만을 위한 호텔, 너희들만의 전유물은 없어. 여기는 일상적이고 통상적인 장소이지, 특별한 신분을 위한 특별한 곳이 아니다. 여기서 너희들이 특별할 이유는 아무것도 없다. 여기는 한국인이면 누구나 쉽게 오는 곳인데. 너희는 평생 한 번, 마음먹고 온 것이다. 획을 긋고 구역을 결정하는 것은 너희가 하는 것이 아니라, 돈이 하는 것이다. 신분에 대한 경계를 표하는 그것이 바로 신분이 낮다는 증거인데, 가난을 속이지 마라, 이미 졸부 티 많이 냈다."

아연실색한 것이 어디 그들뿐이었겠나. 작열하는 태양 대신 통쾌한 소낙비 맞은 듯했다. 자랑스러운 대한의 청년으로 성장한 것이 마치 내가 잘 키워서 그런 것처럼 우쭐해졌다. 유치하게.

숙소를 중심으로 수영장이 가운데 있고 비치 파라솔과 안락의자들이 방과 방 사이에 정연하게 놓여 있는 공간이었다. 호텔 입구에 카페와 식당, 사우나, 기념품 판매 등의 샵이 있고. 카페테리아와 책방은 수영장과 호텔 사이에 배치되어 개인적으로 시시비비할 상황이 전혀 아닌 구조였다. 우리나라 건축의 수준이 상당히 과학적이고 실리적이면서 세련되기까지 하다는 것은 전 세계가 이미 인정하고 있지 않은가. 그런데도 글쎄.

국가 간이든, 개인 간이든 경계가 모호하면 갈등과 혼란이 따른다. 경계 아닌 경계로 공공의 질서를 유지하고 개인의 영역을 존중한 절묘한 구도의 건축물임에도 그런 사단이 비일비재하다면 어디서나 갑질하는 그들의 만행은 늘어갈 것이다. 방치했다가는 동북아시아를 제 속국으로 취급하려는 큰일 낼 야심을 허용하는 것과 다름없다. 작은 일이라도 그때그때 논리로 제압하지 않으면 땅도 따먹는다. 저런 중국인들이.

건전한 유대감

　사십 대 초반까지만 해도 나는 장 폴 싸르트르가 남긴 '타인은 지옥이다' 라는 말에 상당히 공감했다. 인간관계에서 낙담할 때는 더 그랬다. 그러나 지금은 '타인들과 단절된 자기 자신이야말로 지옥이다'라고 한 아베 피에르의 가치관에 더 깊이 공감한다.
　그래서인지 이번 월드컵 시즌 동안 나는 동료들과 좀 더 친해졌다. 잡담이나 한담, 지나친 친함에 거리를 두면서 살아온 그동안과는 달리 수다스러울 정도로 축구 이야기에 열광했다. 축구로 모이고, 축구로 마시고, 축구로 잠을 잤다. 티브이 화면을 통해서 생생하게 전달되는 경기 장면, 수만 명이 들어가는 돔 형식의 경기장에서의 응원 함성은 우리 모두에게 공통된 희로애락을 느끼게 했다.
　골을 넣으면 다 같이 환호하고, 공이 골대를 맞으면 똑같이 탄식했다. 공간 활용의 자유자재함과 기술력에 함께 탄복했다. 압박 수비를 뚫는 돌파력, 패스의 정확성, 현란한 발놀림, 국가를 떠나서 조직적이면서 전투적인 팀에 환호했고, 시간적으로 긴밀하지 못하거나 공수의 느슨한 행마로 상대의 역공을 부르는 선수들을 가슴 치면서 보았다.

화려한 공격 축구에서 실리 축구로 가는 축구의 변천사를 숨도 안 쉬고 설명하는, 축구를 꿰뚫는 동료에게 부러움과 감탄의 눈길을 보내면서 즐겁게 배우기도 했다. 그의 설명대로 중원을 장악하면서 입체적인 플레이를 펼치는 유럽 축구의 실력은 월등했다. 가히, 인간 올림픽과 맞먹는 월드컵이구나 서로들 입을 모았다.

월드컵은 이미 축구가 아니라 역동의 드라마가 되었다. 스포츠로서의 보편적 기능을 넘어 자연과 전쟁과 이념보다 더 강한 응집력의 신흥종교가 된 것이다. 그럼에도 월드컵의 실상은 국가 간, 선수 간의 경쟁이 본질이다. 냉혹한 승부의 세계다.

우리 사회 대부분은 경쟁을 부정적으로 본다. 유대감을 해치고 인간적이지 못한 것이라 여긴다. 그러나 경쟁이 없는 곳은 발전 저항적이고 그저 안주하려는 집단의식이 팽배해 퇴보한다. 개인의 역량과 일의 가치를 높이 평가하지 않기에 질투와 유토피아적 평등으로 합리화해 버린다. 공적인 유대가 해이해 지니 조직이 쇠약해 지고 개별적 이익이 고개를 든다. 인간관계는 변질되고 가장 추악한 이기심이 공공의 이익이라는 성스러운 이름으로 가장된다.

그러나 월드컵의 경쟁은 일반적인 경쟁과 다르고, 여느 스포츠에서의 경쟁과 또 다르다. 뒤얽히고 모순된 경쟁이란 있을 수 없고, 최고의 선수들이 최선을 다하는 경쟁으로 집단 구성원 모두가 혜택을 본다. 공동의 이익이 명백히 나타나기 때문에 진정한 국가적 차원의 협동 형태로 연결된다.

굳이 애국적 화합을 부르짖지 않아도 마침내 국민적 단결까지 도 달하기에 진정한 의미에서 도덕적 선에 해당한다고 볼 수 있 다.

이번 월드컵의 최대의 수혜자는 내가 아닌가 한다. 직장 동료들과의 유대감으로 학교생활이 훨씬 즐겁고 업무 능력도 향상된 것 같다. 건전한 스포츠가 삶의 활력소가 된 것이다.

드보르작과 아이들의 신세계

 월요일, 교장 선생님 훈화 말씀 인상적이었다. "학교가 문을 닫자 비로소 학교가 보인다. 이제 원격수업은 어쩔 수 없는 대세다. 학교는 학생들의 성장 돕는 촉매가 돼야 한다." '성장 돕는'이라는 말에 귀가 열렸다. 포괄적이고 다양한 수업 허락한다는 뜻으로 받아들인다. 시대를 통찰하는 관리자의 마인드가 학교문제의 키워드임을 아는 데서 하는 말씀.
 힘입어 동아리 활동 시간, '19세기, 기차의 출현이 세상을 어떻게 바뀌게 했는가.' 라는 주제 놓고 글짓기를 한다. 드보르작 교향곡 9번 '신세계로부터'를 유튜브로 매칭한다. 아이들은 음악에 더 쏠린다. 곡에서 받은 영감을 별의별 언어로 채색한다, 미래의 희망들을 유유히 공유한다.
 '신세계로부터'는 시골 청년 드보르작의 출세작이다. 오스트리아 지배받는 체코의 애국 청년 드보르작을 국민적 영웅으로 만들었다. 1969년 인류가 맨 처음 달에 착륙할 때 닐 암스트롱 우주선에도 이 교향곡 있었다. 매일 아침 프라하

중앙역에 가서 열차의 번호와 생김새, 도착 시각 등을 기록하는 꼼꼼한 습관이 악상의 원천이 되었다. 드보르작의 기차가 드보르작이 꿈꾸는 음악의 세계로 이동시켰다.
지금 다시 신문명 시대가 도래했다. 경계에 선 아이들은 예측 불가능과 혼란스러움을 안고 있다. 궁극의 목적은 하고 싶은 일로 돈 벌고, 명성 얻어 행복한 삶 영위하는 데 있다. 체코 청년 성장기를 들려주고 그를 통해 삶의 궤적 따르게 해 주는 것이 나의 역할이다. 더하여 스메타나와 드보르작을 연결한다. 차이코프스키와 톨스토이까지 비교하며 문학 속 음악의 힘 지대한 공로자임을 확인시킨다. 전쟁영화 '피아니스트'로 쇼팽을 주목하게 한다.
초연결 사회다. 예술, 철학, 인문학이 학교 안에 들어올 때다. 삶의 중력 완화하고 새로운 관점 예술로 점유하라는 시대 의 요구다. 감성 키우고 공감력 넓히라는 허용이다. 원격이 든 등교든 학교수업 문화로 연결하고 인간의 격 높이는 것만 이 아이들의 성장을 이끄는 일이다.
이런 시대 이런 교사로는 곤란하다. 생각이 늙은 교사, 견문이 조잡하고 용렬한 교사, 자잘한 이익에 눈멀어 매사에 콩팔칠팔 따지기만 하는 교사, 굳이 안 해도 되는 교과 지식 붙들고 시험문제 볼모로 스트레스 주는 교사, 성적으로 줄 세우는 교사. 제 열등감 숨기느라 별일 아닌 일에도 벌컥벌컥 화를 내어 말이나 행동을 왈살스럽게 하는 교사. 걸림돌이다.
'이야기를 읽으면 우리는 우리가 이해하는 것을 이해한다. 음악을 들으면 우리는 우리가 이해할 수 없는 것을 이해한다.' 음악애호가 톨스토이의 말처럼 예술과 인문, 철학이 공존 하는 학교가 될 때 아이들의 신세계 활짝 열린다.

한국적 모성성, 그 리얼리즘 휴머니즘 클래시시즘

 삶이 예술이 된 여인들 있다. 김수현과 윤여정, 이원자, 양춘자, 홍라희 여사다. 대한민국 대표급 이 여인들 공통점 있다. 절대적 긍정과 신뢰로 자식 키웠다. 엄동설한 매화같이 당차게 살았다.
 아카데미 인터뷰에서 "두 아들이 저한테 일하러 나가라고 종용한다. 감사하다. 이 모든 게 아이들의 잔소리 덕분에 열심히 일했더니 이런 상 받게 됐다"라고 한 윤여정식 인간미 쿨하게 와닿았다. 둘째 아들 잘나가는 직장 그만둘 때도 "너 하고 싶은 것 해"라며 밤낮으로 고생한 세월 그것으로 퉁 쳤다. 정트리오 성공담에 이원자 여사 빼놓을 수 없다. "인생에서 가장 큰 영향은 내 어머니 믿음이었다. 우리 남매 최대의 재산…"하며 정명훈이 울었다. 육친의 깊은 은혜 성공으로 갚았다. 비싼 과외비, 악기비 마련 위해 교사직 그만두고 장삿길로 나섰던 정트리오 어머니 이원자 여사. 피아노 빌린 돈 이자 갚느라 구제 치마 구멍 날 때까지 입고 다녔다. 그런

반면 억척스럽게 일한 돈 아이들 연주회 비용으로는 통 크게 지불했다.
양춘자의 홍정욱 사랑 세상이 익히 안다. 이화여대 영문학 공부하고 노스웨스트 항공사에 일한 내공 아들을 위해 다 받쳤다. 밤마다 하버드 영어 원서 전화기 너머로 해독하며 도왔다. "당시 어머니는 나와 지내는 몇 시간을 위해 당신의 모든 것을 쏟으셨다. 아는 사람 하나 없는 거대한 뉴욕에서 날마다 어머니가 무엇을 하며 지내셨는지 지금도 알 길 없다." 같은 어미로서 그 여인 자식을 위한 외로운 맘 눈에 본 듯 밟힌다. 선택의 폭 다르지만, 삼성가 상속 과정 큰 감동 주었다. 큰 지분 포기한 홍라희식 아들 사랑 제대로 보였다. 위기에 처한 자식 방어 모성만이 해답이라는 진리, 대중에게 스며들었다. 진자리 마른자리, 마다 않는 부모 밑에 꽃 되고 열매 맺는 자식들 나오는 법이다.
김수현식 방식에도 시니컬한 애정 있다. 고려대학 국문학과 졸업하고 교사의 길 걸었다. 우여곡절 혼자 되자 상업작가로 전환했다. 속물 자본주의라 비하 당한 좌절감을 시나리오로 극복했다. 한국 드라마사 큰 족적 남겼다. 윤여정과의 지란지교, 30년 우정이 아카데미 석권의 일등공신이었다.
알고 보면 한석봉과 그 어머니 우리 곁에 가까이 있었다는 뜻이다. 떡 썰어 장사하고 허드렛일 해내며 석봉체 탄생시킨 조선 여인 유전인자 바르게 받았다. 어머니라는 이름의 숱한 어머니들 면면이 슬프고 고단함 없었을까. 그럼에도 이지적인 현실감각 또렷이 품고 산 한국적 모성애의 기저에 한석봉의 모친이 버젓이 있음이었다. 훌륭하게 장성한 뛰어난 인물들의 근원에 깃든 리얼리즘, 휴머니즘, 클래시시즘을 카네이션 계절에 되짚어 본다.

크리스마스 풍경

 성탄절 아침, 카카오 선물함으로 케이크와 와인, 브랜딩한 커피가 배달됐다. "메리 크리스마스! 직접 찾아뵙지 못해 죄송합니다"하는 제자의 알림이 따라왔다. 2년 째 이어지는 코로나에 한파까지 겹치니 얼굴 없는 크리스마스가 당연시 됐다.
 어린 시절 크리스마스는 추석이나 설날보다 좋았다. 차분하고 성스러운, 눈 오는 밤이 좋았고, 착해지는 마음이 좋았다. 트리를 만들고 소망과 건강을 기원한 카드를 만들어 펑펑 내리는 눈길을 밤새 걸어가서 부쳤다. 산타클로스와 루돌프의 눈썰매가 '언제쯤 오나' 했다.
 12월이 되면 대안동 거리가 먼저 술렁거렸다. 구 진주극장 앞 구세군의 은종 소리는 예수의 고난과 인류애와 공동체의 휴머니즘을 최고조로 끌어 올렸다. 어려운 이들을 외면하지 말라는 자선냄비는 중앙 분수대 대형 트리가 물보라에 섞여 축포처럼 솟구칠 때마다 환희와 온정으로 넘치는 듯했다.

우리는 우리끼리, 어른은 어른들끼리 크리스마스를 희망찬 내일을 위한 프로젝트라 여겼다. '고요한 밤 거룩한 밤'을 불러주던 새벽 성가대가 촛불을 들고 오는 때를 맞춰 살얼음 설설 낀 동치미에, 눈비에 얼리고 말린 코다리와 멸치 육수로 말아낸 섬섬하고 부드러운 국수를 으레 먹었다.

백석이 해금되고 그의 시 '국수'를 읽다가 '이 희수무레하고 부드럽고 수수하고 슴슴한 것은 무엇일까/겨울밤 쩡하니 닉은 동치미국을 좋아하고 얼얼한 댕추가루를 좋아하고 싱싱한 산꿩의 고기를 좋아하고/이 그지없이 고담하고 소박한 것은 무엇일까'에서 잠시 고개를 들었다. 겹겹이 세월을 머금은 그때가 되살아났다.

카카오 선물함, SNS, 유튜브 등, 빛의 속도로 진화하는 스마트폰을 보면서 백 년 전을 살았던 사람들의 심정을 헤아려 보았다. 마차와 수레를 끌다가 그 옆을 씽씽 달리는 자동차를 보면서 무슨 생각을 했을까. 이 반어적이고 역설적인 시대조류에 떠밀릴까 좋아하지도 않는 카카오 선물함에 들어가 답례를 하려는데, 어디에도 희수무레하고 부드럽고 수수하고 슴슴한 국수 메뉴는 보이지 않았다.

모래알을 걸러내는 채처럼 불필요한 것들이 걸러지는 시대다. 사람 중심의 가치관이 크게 흔들리고 크리스마스 풍경도 달라지는 세태다. 사라져가는 것들에 대한 애틋함을 읊은 김종길 시인의 '성탄제'를 외면서 씁쓸함을 달랬다. '옛것이란 거의 찾아볼 길 없는/성탄제 가까운 도시에는/이제 반가운 그 옛날의 것이 내리는데/서러운 서른 살의 나의 이마에….'

4부
과거와 현재의 기억 속에서

A.I시대의 문학

진주 사투리에 '택도 없다'는 말이 있다. 어떤 일이나 상황이 상대가 예상하는 대로 일어날 가능성이 전혀 없을 때 쓰는 말이다. 예를 들어 꼴등하는 학생이 서울대 간다고 할 때, '택도 없다' 하는 것처럼.

2016년 3월 바둑계에서 이 택도 없는 일이 벌어졌다. 1202대의 CPU를 갖춘 구글 딥마인드사의 인공지능 알파고와 한국의 프로 기사인 이세돌 9단과의 바둑 대국. 전 세계인의 이목이 집중 되었다. 그랬던 만큼 학교 교무실 대형 TV를 통해 전교생이 관전했다. 우리 뿐만 아니라 바둑계에서조차도 이세돌 승리를 당연히 점쳤다. 결과는 1승 4패. 이세돌의 패배 이후 알파고 쇼크, 알파고 우울증이라는 신조어가 탄생했다. 관련 업계에서는 3,000여 년 내려온 동양정신의 정수격인 바둑의 세계가 서양 문명의 첨단 과학에 정복되는 것은 시간문제로 내다봤다.

알파고 개발자인 데비드 하사비스가 생소한 말로 "바둑의 세력과 두터움은 수리적으로 판단할 수 없기에 컴퓨터가 알 수 없는 인간만의 고유 영역이 있다"라고 할 때만 해도 여지라는 것이 있었다. 바둑에서만 그랬을 뿐이지, 문학과 철학의 세계는 인간의 몫으로 끄덕 없을 줄 알았다.

그러나 알파고에 이어 챗GPT 상용이 가속화되었다. 누구든 이용하고 실시간 번역되었다. 인공지능에 의해 창작된 '인공시' '인공소설'이 인스턴트 식품처럼 대중의 취향을 사로잡았다. 수학 과학만 잘하는 천재들이 철학의 본질은 도외시한 채 괴상한 길을 가는 어지러운 난세가 결코 아니었다.

인공지능을 환영하는 매니아들은 광장으로 돌진한 페라리처럼 날렵하게 시대를 선도했다. 학위나 신춘 문예라는 관문을 통과하지 않고서도 누구나 자신의 능력과 이미지로 승부수를 띄울 수 있는, 전혀 새로운 문학공간을 창출했다. 영화감독이나 드라마 PD에 의해 길거리 캐스팅으로 혜성같이 등장한 스타처럼 지위도 학벌도 문벌도 없는 신진 작가, 신예 인재들이 이 새로운 공간을 통해 벼락같이 등장했다.

잘난 사람이든 못난 사람이든, 돈이 있든 돈이 없든, 내국인이든 외국인이든 오직 작가적인 재능과 독창성만 있으면 패스되었다. 대중들은 레거시미디어의 선발 과정을 거치지 않은, 소위 검증되지 않은 글일지라도 문학성이 돋보이거나 재미가 있거나 위로를 주는 글에는 조회수로 적극 반응했다.

며칠 전, 우연히 디카시집을 보았다. 찰나의 영상미와 언어의 현장성에 눈길이 확 쏠렸다. 현대인의 일상이 된 디지털 영상을 기존의 시 형태에 접목한, 5줄 이내의 짧은 단상은 도공의 손으로 빚어낸 그릇 같았다. 청신한 이미지에 문학의 확장성과 인생의 두터움을 손색없이 담았다. 시의 패러다임이 택도 없이 전환되지 않을 든든한 보루로 느꼈다.

인간은 알지 못하는 일에 대해서는 극도의 공포를 가진다. 세상을 평정하려는 인공지능에 일종의 두려움도 있었다. 솔직한 심정은 무력 이상의 강력함으로 억지스럽게 다가오는 탱크 같아서 겁에 질렸고 위축되었다. 구태여 오래가지 못할 것이라고 최면을 걸었다. 그러나 안정을 주고 인간의 불완전을 보완하는 AI라면 무대책하고 무기력한 글쓰기를 고집하면서 그를 거부할 이유가 없다.

수의 차가운 계산에서 나온 알파고의 4승과 그 와중에 이세돌이 거둔 회심의 1승. 이 둘을 더한 합작품으로 과학의 냉정함과 유정한 인간미로 애증도 미움도 녹여 내는 문학의 전환기를 맞았으면 좋겠다. AI와 인간이 견제하고 연마하면서 때로는 동병상련까지 하다 보면 언젠가 노벨문학상 공동 수상자로 무대에 오르는 날 오지 않을까.

디카시와 신춘문예

신춘문예 시상식에 초대되었다. 수필에는 없는 신춘문예 제도가 디카시에는 있다는 것에 크게 놀랐다. 시단의 변화와 디카시의 위상을 짐작했다.

각종 언론사의 인터뷰와 카메라 플래시가 팡팡 터질 줄 알았다. 꽃과 화환에 둘러싸인 무대를 연상하면서 '아, 살다 보니 이런 자리에 불려도 가는구나.' 감회가 벅찼다.

그런데 그게 아니었다. 문산 혁신도시에 있는 윙스타워 7층, '시와편견' 출판사와 경남도민신문이 공동으로 주최하는 행사장은 비교적 단출했다. 성악가 김영희씨가 부르는 '내 마음의 강물'이 얼음장 같은 겨울 추위부터 녹였다. 우리 가곡으로 시작된 행사는 깨끗한 보자기를 펼친 놓은 듯 단아하고 정겨웠다. 상금 액수가 무척 쎘다. 거품을 싹 걷어낸, 현실적이고 실용적인 행사내용은 당선자의 영예를 높여 주는 쪽에 내실을 기했다. 아름다운 진동 같은 것을 느꼈다.

출판사 '시와 편견' 대표인 이어산 선생님의 초대말에 생활인의 철학이 다분했다. 강희근 교수님의 축사는 신춘문예에 얽힌, 비공개적인 일화들로 가득했다. 툇마루에서나 들을 법한 구수한 이야기들이 쏟아졌다. 미완으로 남은 그 시절, 그 사람들의 미담들만 아니라. 하마터면 잊힐 뻔한 문단의 곡절들이 일사천리 흘렀다. 시는 어려운 것이라는 이미지에서 놓여났다. 낡은 사회적 약속을 깨는 특유의 위트와 재기 발랄한 언어들이 사금파리처럼 반짝였다. 자기성찰을 통해 인품을 갈무리하는 수필의 세계에서는 느끼지 못한 구름 같은 환상에 도취된 날이었다.

이 느닷없는 장르의 출현으로 강 교수님도 신명이 난 모양이었다. 1965년 서울신문사 신춘문예 시상식 에피소드를 시작으로 기라성 같은 시인들의 행적과 거기에 얽히고설킨 온갖 일화들이 장강처럼 이어졌다. 지금은 찾을 길 없는 이웃 간의 정, 인간미 넘치는 장면들이 끝도 없이 나왔다. 노 시인의 에너지와 놀라운 기억력에 더 놀랐다. 당선자 한지선 씨에게 "시인으로서의 예민한 정서도 중요하지만, 이상으로 인한 사회적 책임감 잃지 말라"고 하는 당부는 참석자들 모두를 긴장시켰다.

글깨나 쓰는 사람치고 젊어서 한때 신춘문예에 도전하지 않은 사람 없었을 것이다, 기라성 같은 진주 시인들 영리하고 재능 많아 이 관문 많이 패스했다. 설창수, 이형기, 강희근, 김상옥, 박재삼, 김언희, 유홍준, 김이듬, 자랑스러운 이름들이다. 70년대만 해도 출판사에 가면, 김상옥, 강희근이 있고, 최재호, 박재두, 박재삼이 앉은 자리가 다방이 되었다. 지금의 까페 문화를 주도한 셀럽들인 셈이다. 커피 한잔이면 언제든지 들을 수 있는 진주 문단 뒷얘기들이 다락방의 무협지나 초한지처럼 쌓인, 추억의 곳간이 된 '시와편견사'가 문학의 배후공간을 담당하는 장소가 되고 있어 마음이 훈훈했다.
나는 아직도 종이 신문을 읽는다. 대학시절까지만 해도 연재되는 소설을 신문으로 읽었다. 인터넷이 없던 시절엔 신문이 막강한 미디어여서. 문학계 소식도, 신간 서적도, 음악회나 전시회 정보들도 신문을 통해 알았다. 그러나 지금은 신문을 읽는 인구마저 대폭 줄고 모든 것들이 초강풍의 인터넷으로 연결되고 있다. 하다못해 일인 기업까지 탄생하는 붐이 일고 있으니, 내가 알던 법과 규정이 모두 흔들리고 가치관마저 인터넷에 의존하는 시대를 살고 있다.
그럼에도 여전히 신춘문예 제도가 남아있다는 것은 다행한 일이다. 과거나 지금이나 진입장벽 높고 응모자 많다. 장원급제나 진배없다보니 당선자에 대한 최고의 예우는 물론, 문단 활동의 보장과 명성을 날리는 관문으로도 그 신뢰가 굳건하다. 수천대에 이르는 경쟁률에 청춘을 쏟다가 포기한 이들이 수두룩했던 과거에 비해 지금은 여러 경로의 등단문을 통해 가볍게, 재미있게 응모할 수 있는 다양한 기회가 주어진 점에서는 숨통이 좀 트인다.
새해 벽두 조간신문을 초조히 기다리며 당선자 명단을 훑어보던 일은 옛일이 되었다. 그러나 그 어떤 것보다 글이 아니면 안되는 사람들이 있기에 이런저런 모색과 다양한 시도 끝에 디카시라는 새로운 장르를 탄생시켰다. 그것도 우리 진주에서. 10여 년 전 개천예술제 문학상에 등재될 때만 해도 반신반의 했었는데 전국에서 한국디카시학회의 본부를 진주에 두고 서울, 부산, 대구, 대전, 광주 등으로 그 세력이 빠르게 확산되는 중이다. 문화 예술도시로서의 진주, 그 명성을 되찾을 날을 기다린다.

디지털 문명의 거대한 힘에도 결코 밀리지 않을, 인간의 지의 산물로 성장하는 디카시. 올해로 스무 살이 넘었으니 왕성한 청년기에 접어든 셈이다. 체력도 파급력도 모두 갖췄다. 인터넷 강국다운 기술혁명과 우리의 끼와 멋과 재능이 결합되면 전 세계인의 문학 창구로 환영을 받을 것이다. 현실적이고 구체적인 자연과 사회적 현상을 통해 마음의 실체와 삶의 여유를 디지털 카메라에 담아낼 디카시의 미래가 창창하다.

거림계곡, 디카시가 되다

 장맛비가 쏟아지는 주말을 거림산장에서 지냈다. 지리산 연하봉과 촛대봉의 발원지인 도장골과, 세석평전에서 삼신봉으로 이어진 자빠진골이 만나서 형성된 거림계곡은 세석평전으로 가는, 가장 가깝고 완만한 등산길이다. 울창한 원시림을 따라 8km, 세석을 흘러가는 계곡물 또한 장장하고 유장하다. 거대한 이름에 걸맞는 아름드리 큰 나무들이 울울창창 하늘을 가렸다.
 빗속의 거림은 적막했다. 지류인 자빠진골과 도장골의 경관이 더 빼어난 탓에, 상대적으로 한적하고 외롭게 돌아앉은 거림골이다. 우중 산행을 즐기는 탐방객의 발길도 끊어진 검푸른 숲이 오늘은 불랙홀처럼 느껴졌다. 바람 한점 불지 않아 아무런 일 없는 황제처럼 게으르게 드러 누웠다. 불로불사의 신선들이 살고 있을 것 같다는 착각을 한다.
 비를 피하려는 다람쥐가 방문 앞에서 쫑긋해 있다. 그림 같은 저 풍경을 카메라로 찰칵. 사방 어디를 봐도 산이고,

숲이고, 물 뿐인 산장이다. 한지창을 열었더니 계곡물 소리가 참았다는 듯이 덮친다. 빗소리, 물소리에 천지가 갇혔다. 텅 빈 충만감을 실제로 맛본다.

두 산 사이에서 내리흘러 낙차가 큰 폭 포수는 거대한 물보라로 비명을 내지른다. 물의 육성을 휴대폰 녹음파일에 저장한다. 우당탕탕, 콸콸콸, 쿨렁쿨렁, 집채만한 바위돌을 너끈히 삼키다가 다시 토해 낸다. 여기저기 뱉어내는 물과 물이 순식간에 교차하고 만남을 도모한다. 엉기고 감기다가 다시 갈라지고 멀어진다. 이별인가 싶었는데 부지불식간 합류하고 또다시 엉킨다. 포효하는 짐승처럼, 호령하는 장군처럼, 성난 듯, 우는 듯, 흐느끼는 듯. 골짜기를 채운 것은 오직 물소리, 물의 소요, 물의 의지, 물의 고백이다. 인간의 소리나 만물이 내는 일체의 것들이 한갓 잡음이요, 소음으로 전락한다.

갑작스런 소낙비 한바탕 퍼붓는다. 계곡물이 더 불어나 우레처럼 몰려온다. 무술의 고수가 뿜어내는 장풍처럼 장쾌함이 가슴을 뚫는다. 카메라 렌즈로 물길을 따라잡는다. 가시권에 들어오지 않던 숲의 정경들이 신화처럼 전설처럼 눈동자에 포착된다.

문을 닫고 누웠다. 탕탕탕, 호방하고 장대한 물소리가 아스라이 멀어진다. 포말로 부서지던 형상도 오간 데 없다. 도도한 물, 낭자하던 소리도 들리지 않는다. 산이 무너지고 천둥 벼락 치는 소리조차 사라지고 없다. 격자무늬 한지 창에 스미는 것은 오직 산의 고요, 내 심연의 적막 뿐이다. 차로에 물 끓는 소리, 솔바람 소리들이 아스라이 전해 온다.

가뭇없이 잠 들었던 모양이다. 낮 동안 온갖 소리의 풍상에 시달린 귓전으로 맑은 소리 들린다. 문을 열어젖히니 처마 끝에 한 줄로 맺힌 수정같은 물방울들, 낙숫물이다. 불로장수 묘약이라도 먹은 듯 온몸이 맑아진다. 말해지지 않는 것, 말로는 다 풀지 못한 것들이 한 편의 디카시로 승화된 거림계곡이었다.

추억으로부터 아주 먼 곳

도시적 풍경을 낳는 결정적인 공간은 기차역이다. 기차는 대륙과 대륙을 이어 문명을 이어주고 문화를 교류하게 한다. 중국 심양 북역에서 출발한 기차여행은 지금까지 내가 보지 못한 기능과 미학을 지닌 건물과 사람들을 만나게 했다. 동시에 철도가 가져다준 문명의 그늘을 본, 차갑고 어둡고 텅 빈 여행이기도 했다.

요 몇 년 사이 여행다운 여행을 하지 못했다. 잊고 싶은 추억과 버리고 싶은 기억으로부터 더 먼 곳으로 가기 위한 계획을 세우다 말다를 반복했다. 문인협회에서 주관한 만주행이기도 하고, 윤동주의 연변이었기에 설렘과 기대감으로 출발했다. 압록강, 두만강, 백두산을 경유해서 심양과 연변으로 이어지는 과거로의 회귀는, 민족 근대사의 흔적을 찾는다는 것과 도달할 수 없는 미지의 삶으로 들어갈 것이라는 환상으로 부풀었다. 그러나 맥주 깡통의 거품만 마신 것 같은 여행이 되고 말았다.

4박 5일 동안 거대한 공간을 횡단하면서 농경사회에서 산업 사회화 되어가는 옛 도시들을 만났다. 도시들은 한결같이 과거로부터 멀어져 현대로, 미래로 불안하게 떠밀려 가고 있었다. 자연적 삶의 함몰과 인류에게 더 이상 추억할 수 있는 장소들이 사라져 가는 마지막 소실점 같았다. 심양에서 오후 7시에 출발한 기차는 다음 날 오전 9시가 넘어서야 연변에 도착했다. 황량한 들, 황량한 평지가 거칠게 펼쳐졌다. 더디게 흐르는 어두운 시간이 거대한 몸뚱이처럼 변한 채 내내 달리기만 했다.
　대륙의 장소와 장소들은 엄청난 간격으로 떨어져 있고 덜컹거리는 바퀴 소리만이 살아 움직이고 있음을 각인시켰다. 도대체 얼마를 더 가야 하는 걸까. 어딘가를 간다는 것이 이렇게 큰 근심이 될 줄은 몰랐다. 깊은 밤을 관통하고 새벽을 질러서 해가 솟을 때에 겨우 당도했다. 낮에 본 산들과 숲들과 강들이 지닌 공간적 의미는 밤의 기차 속에서는 아무런 의미가 없었다. 기차는 그리워하는 것들 사이를 태연히 가로질러 한 번도 와 본 적이 없는 곳에 일행을 부려놓고 가버렸다.
　기차여행은 낭만이 아니라 고행이었다. 가방을 끌면서 초만원인 기차 칸의 통로를 빠져나가는 일은 아귀다툼이었다. 3층짜리 한 칸을 양 등분하여 6명이 자도록 배정되었다. 1, 2층에는 젊은 연변 처녀와 연인인 듯한 남자가 자리했고, 그 맞은편 일층이 내 자리였다. 남자는 아예 여자의 자리에서 꼼짝하지 않았다. 같이 잘 모양이었다. 그런 두 사람을 마주한 채 누울 수도 앉을 수도 없었다. 서로를 위해 잠드는 것이 상책인데 연인들의 달콤한 밀어와 옷자락이 스치는 소리는 아기라도 낳을 분위기였다. 나는 일말의 불쾌감과 일말의 두려움으로 이 여정이 어서 빨리 끝나기만을 바랐다.
　다음 날 연변시장을 갔다. 100년 전의 우리 전통 저잣거리와 흡사했다. 좌판대의 여인들은 더 이상 같은 동포가 아니었다. 사뭇 다르게, 한결같이 이방인을 대하는 표정들이었다. 오히려 중국 본토박이처럼 행세하는 이들도 있었다. 그들의 공통점은 오직 한 가지, 중국인이 되는 것이었다. 나는 지각변동이 시작된 땅위에 선 것처럼 여행 내내 불안했다. 연변은 이미 중국에 복속된 곳이었다.
　윤동주의 고향, 동포의 땅이라는 말은 교과서에서 하는 말이지 완전히 동떨어진 남의 땅, 남의 국적이었다. 조선족의 수수한 이미지보다 새로운 취향의 생활방식과 개인의 욕구에 의한 소비가 계급 격차를 소멸시키고 노력에 따라 부가 결정되는 자본화 된 공산사회가 도래해 있었다. 이런 현상은 마치 지표면 아래 흐르는 수맥처럼 겉으로 드러나지 않으면서 역사의 성장과 풍화를 지배하는 거대한 힘처럼 지금까지의 생활방식을 부정했다. 돈이 민족을 갈라놓았.
　현지 가이드 역시 철저히 자기의 이윤과 목적으로만 움직였다. 더 놀라운 것은 자신이 단 한번도 한국인이라고 생각해 본 적이 없다는 말을 공공연히 했다. 조국이, 동포가 우리에게 무엇을 해 줬냐고 오히려 힐난조였다. 여행 내내 우리와의 경계를 그었다.
　그는 연변에서 태어난 한인 3세였다. 북경으로 유학 가기 위해 돈 벌러 나왔다고 했다. 북경에서의 취업, 상하이에서의 근무, 그것이 그들의 꿈이고 궁극의 출세라고 믿는, 그의 생각이 연변의 생각이었다. 전통과 문화는 한국식을 취하고, 자본주의적 생산과 소비패턴은 미국식을, 정신과 사상은 중국. 새로운 인류, 거대한 출현의 예고편을 보았다..

정신과 사상을 지배하는 중국식 질서에 편승된 이곳이 공산화되는 것은 시간 문제였다. 변방인인 그들이 중국의 통제를 거부없이 수용함으로써 중심 무대로 이동하는 욕망의 현장이 된 연변이었다.

거대한 옥수수밭은 필히 개발될 것이고 대량 생산과 약삭빠른 계산으로 빈부의 격차가 급속이 벌어질 것이다. 연변의 시골 풍경마저 표정을 잃게 되면 광활한 대지와 경건한 저 자연이 감각과 본능과 향락을 동반한 천박한 자본주의로 전락할 것이다. 윤동주의 명동촌, 그가 사랑했던 원색의 햇빛은 한 줌도 남아있지 않을 것만 같았다.

지구의 북동쪽 대륙의 끝, 지표면에 떨어진 눈물 한 방울만큼의 면적으로 남을 묵정밭이 갈아엎어질 시대의 조류가 거센 물살처럼 밀려 들고 있다. 두려운 사람들, 불안한 열정들이 우리가 추억하고 싶은 땅에서 우리를 아주 먼 곳으로 격리시키는 서글픈 여행이었다.

마치 자줏빛 사파이어 같던

 이태 전에 서부 해당화 한 그루를 마당 가운데 심었다. 수양 홍매화 진 서운함을 그 꽃으로 위로받았다. 하루하루 폭풍성장을 하는 꽃송이들이 핑크, 진 핑크, 자줏빛으로 변했다. 실시간 눈길이 갔다. 앳된 소녀티를 자아내는 연연한 꽃들이 미풍에 흔들릴때 그때마다 귀거리처럼 달랑거렸다. 햇빛을 받는 각도에 따라 다양한 빛깔이 오묘하게 섞였다. 바람이 부는 날은 부는 대로 흐린 날은 흐린대로 나름대로의 운치를 지녔다. 과거와 현재 사이를 연결하는 묘한 환상을 불러일으켰다.
 봄 한철 내내 서부해당화 밑에서 지냈다. 책도 읽고 음악을 들었다. 하도 오래 피길래 가을까지 저러려나 했다. 생각도 느낌도 없는 상태로 오랫동안 의자에 앉아 있기도 했다. 안정된 분위기에 심취했는데, 며칠 뒤 한바탕 퍼붓는 소나기 맞고 왕창 져버렸다.
 무라카미 하루키의 최신 작품 '직업으로서의 소설가'에서 상상력이란 그야말로 맥락 없는 단편적인 기억의 조합이라는 것. 유효하게 조합된 맥락 없는 기억, 그 자체가 이미 하나의 직관을 갖고 예견성을 갖는다는 문장이 있었다. 길게 썼지만 '상상력이란 기억이다'라고 짧게 정의한 제임스 조이스의 글과 같은 뜻이었다. 인간의 머리는 숱한 기억의 집합소라고 여기는 내 생각과도 비슷해서 와닿았다.

동의하지 않는데도 홀연히 찾아오는 봄, 눈, 비, 바람, 만남과 이별, 그리고 재회에 대한 상념이 많은 나는 두 작가의 말속에 굳이 언급되지 않은 착각, 착시, 기시감 같은 것까지 더 포함하고 싶었다..

특정 장소뿐만이 아니라, 음악이거나 영화, 드라마 속의 낯익은 배경, 인상적인 대사. 혹은 변화무쌍한 계절의 변화앞에서이거나, 어떤 텍스트를 접할 때, 전혀 생각지 않았던 어떤 기억들이 불쑥불쑥 떠올라 괴롭기까지 할 때가 다반사였다.

해실에 대한 기억도 마찬가지였다. 취학 전, 아주 어릴 적에 대부분의 시간을 함께 보낸 친구였던 해실은 나이가 나보다 많았다. 입을 닫고 산다해도 과언이 아닐 정도로 말이 없었다. 그럼에도 내 마음을 끄는 아주 편한 구석이 있었다. 요즘 말로 표현하면 일종의 '매니저'라는 호칭이 적합할 만큼 나를 챙겨주고 보호해 줬다. 그런데 어떻게 그랬던 그녀를, 그때를, 그렇게 깡그리 잊고 살았을까. 그리그의 '페르퀸트 모음곡' 솔베이지를 듣다가 해실의 존재가 섬광처럼 떠올랐다.

할머니의 친정에서 데리고 온 그녀는 혼기를 훌쩍 넘겼건만 쉽게 짝이 맺어지지 않았다. 이쪽에서 내키면 저쪽에서 탐탁찮아 했고, 저쪽에서 탐을 내면 께름칙한 무엇

때문에 이쪽에서 거부했다. 짓궂은 자리에 보내는 것보다 차라리 소일거리나 시키면서 거두겠다는 할머니의 단호한 결정이었다.

　해실을 처음 보던 날은 그녀가 이상한 줄 몰랐다. 그저 마루 끝에 앉아 수수롭게 바람을 쐬거나 먼 풍광에 취해 있는 줄로만 알았다. 나를 보는 그 무심함, 무념, 무정한 눈동자에 표정이라곤 없었다. 복잡한 사고나 욕구 대신 무서움이나 놀라움 같은 것에 민감하게 반응했다. 아무 일 아닌 것에도 충격을 받고 그때마다 활짝 열린 동공은 쉽게 닫히지 않았다. 모든 감각이 사라진, 감정마저도 남아있지 않는 하나의 형상에 불과한 이유를 나중에 알았는데, 육체 유린, 어쩌고 하는 어른들의 대화를 듣고 어렴풋이 짐작했다.

　겨울이 지나고 이른 봄, 싹을 틔운 꽃들을 보고 해실이 처음으로 웃었다. 해실이가 웃었다는 것, 건강하다는 것이 왠지 자랑스러웠다. 한 송이 보고 웃고, 웃고 또 만지면서 온몸으로 꽃들을 확인하는 단순 동작을 끝없이 했다. 축담 옆에도 발밑에도 군락으로 피고 지는 모든 작은 것들이 해실의 손길을 통해 순서대로 피는 것처럼 보였다. 봄이 한창 무르익을 무렵 특별히 시선을 빼앗는 키 큰 나무에 강렬한 색채의 꽃송이들이 한꺼번에, 열렬히, 주렁주렁 달린채 바람에 나부꼈다.

　바람이 불때마다 휘리릭 날려갈 것 같은데도 가지 끝을 붙잡고 뱅글뱅글 돌고 또 돌았다. 주춧돌이, 기둥이, 난간이, 꽃빛을 받아 온 세상이 분홍빛을 발했다. 가볍고 재미있는 놀이기구를 타는 아이같은 꽃송들이 깔깔 웃을때마다 자줏빛 사파이어를 흩어놓은 것처럼 반짝거렸다. 그해의 봄이 오랫동안 내 의식을 지배했다. 나의 선망, 나의 동경으로까지 자리잡았다.

꽃 없이도 같이 놀고 친해지고 싶은데 도통 말을 안 했다. 궁리 끝에 글자 놀이를 했다. 취학 전에 이미 한글을 깨우쳤던 나로서는 그리 어려운 일이 아니었다. 몽땅 분필을 구해와서 나무문이나 흙벽에 써가면서 종일 같이 지냈다. 막대기로 땅바닥에 두 자리, 세 자리 낱말을 쓰거나 서로의 별명을 짓다가 놀리듯 불러댔다.

그렇게 유년의 대부분을 지냈던 해실이와 왜 헤어졌는지 전혀 기억이 나지 않았다. 사고무친인 것으로 알았는데, 결국은 시집을 갔던지, 아니면 초등 2학년 무렵 우리 집이 먼 곳으로 이사를 한 것이 결정적인 계기가 되었는지, 뭐가 뭔지를 모르는 상황속에서 입학을 하고 졸업을 하고 결혼을 하고 여기까지 왔다.

그동안 많은 사람을 만나고 친해지려고 했지만 경계심으로 쉽게 마음을 못 열었다. 내 유년을 챙겨주던 해실의 존재만 한 존재를 못 만나서인지, 성장하면서 다른 이들의 호의가 잘 받아들여지지 않았다. 상대의 친절을 전혀 눈치 못 채거나 알았다 해도 관심이나 애정이 가지 않았다. 해실을 깡그리 잊고 살았어도 내 정서의 깊은 곳에는 할머니 집과 해실의 기억이 근원적인 그리움, 회귀본능 형태로 잠재되어 있었던 것이 까닭이 아닐까.

봄만 되면 나는 원인 모를 무력증에 자주 시달렸다, 20대 초반에는 영문 없이 깊이 앓기도 했다. 극에 달했을 때는 온종일 잠 속에 헤어나지 못하기도 했다. 늘 채워지지 않는 갈망, 어떤 갈증 때문에 일상이 권태로웠다. 그리움인지, 덧없음인지, 상실감, 허망함에 빠지게 되면 의욕을 잃고 일상을 거부할 할 정도로 탕을 치고 말았다..
 그 공소함을 피하려고 여행을 다녀봤다. 답사길이나 여행지에서 만나는 오래된 집들에 유독 끌렸다. 하회마을, 전주이씨 집성촌, 남사예담촌을 여러 번 갔다. 어떤 곳을 가더라도 마당에 서 있는 해당화나 사과꽃이 핀 집이면 지나치지 못했다. 해실이 서 있을 것 같고 해실이 어디선가 나타날 것 같고 거기서 살고 있을 것 같아서 나도 모르게 집안 깊숙이 기웃거렸다. 꽃 도둑으로 오해받을 때도 많았다. 손바닥만 한 정원을 가지고부터는 좀 나아졌다. 수백 종류의 장미, 수국들이 개량되거나 진화화는 과정을 보면서 꽃에 빠져 있을 때만큼은 부질없는 잡념에 시달리지는 않았다. 서부해당화 역시 사과나무의 개량종에 가까웠는데, 돌이켜보면 그때 자줏빛 사파이어처럼 보였던 나무가 바로 이 나무였다.
 장흥 남미륵사와, 양평의 어느 카페에 아름드리 키 큰 서부해당화를 보고 홀딱 빠졌다. 오랜 풍상을 겪어 고요히 가라앉은 기품도 기품이거니와 내가 쫓고자 한 그 무엇이 거기에 붙어 있었다. 그리움이었다.
 우리집 마당 가운데 심은 나무, 봄 한철 내내 피고지고 또 피다가 한꺼번에 휘리릭 져버린 빈자리일지라도 해마다 봄이 오면 존재의 꽃으로 환생하리라. 절망을 넘어 활달하고, 자유롭고, 조금도 비뚫어진 곳 없이 내 어린시절을 지켜주던 해실이 닮은 그때의 꽃으로 다시 피리라.

피아노와 조율사

피아노 소리에는 자석 같은 힘이 있다. 특유의 경쾌함과 밝음과 가벼움과 장중함으로 세상의 모든 풍경이나 사물을 건반으로 흡수한다. 나는 피아노만큼 품위 있고 예의 바르게 내 속의 많은 느낌을 표현해 주는 악기는 없다고 생각한다. 악기를 사랑하는 커다란 악기.

눈오는 날 베토벤의 대공트리오를 들을 때라든지, 한밤중의 라흐마니노프의 피아노 협주곡 2번이든지, 한 낮의 리스트의 초절기교, 초저녁 서러운 풍경 같은 슈베르트의 즉흥곡을 들을 때면 그 곡에 얽힌 작곡가의 생애를 따라 내 감정의 파도가 심하게 물결치는 그런 감성을 즐긴다.

골목길이나 조용한 주택가에서 들리는 어느 집 아이인지, 순진무구하게 쳐대는 피아노 소리에는 동심, 특유의 동화적인 세계와 무기교의 기교에 발걸음을 멈춘다. 세상의 모든 딱딱함이 배제된 소리, 자유로움에 가까운 피아노 소리는 맑고, 흐린 날씨처럼 음미할 것이 있다.

음악에 재능을 보이진 않지만, 아이들 학령에 맞춰 피아노 학원에 보냈다. 기본적인 음감은 틔웠으면 했다. 곧잘 흥미를 붙이고 기대이상으로 관심을 보여서 피아노를 들이기로 했다. 우연한 얘기 끝에 아이들의 고모가 사용했던 피아노를 우리가 쓰자는 의논이 모아졌다.

피아노가 오는 날 큰 손님을 맞듯이 대청소를 했다. 적당한 자리를 할애하느라 수선을 떠는 것처럼 했지만 솔직히 많이 설렜다. 한 번도 피아노를 배운 적 없고 소유한 적도 없었기에 피아노가 있는 친구들을 부러워하면서 컸기 때문이었다. 서울에서 오는 피아노는 운송비가 만만치 않았다. 까마득한 밤거리를 내처 달려온 피아노는 녹은 눈과 함께 들어왔다. 눈 오는 날 특유의 회색빛 하늘이 도시의 모든 소음을 흡수하고 고요 위에 고요가 내려앉는 시간이었다.

조율사와 함께 온 피아노는 일본과 기술제휴한 '야마하'였다. 이십 년 가까이 된 것이라 칠도 벗겨지고 고성처럼 낡고 무거워 보였다. 시누이 처녀 때부터 사용했고 피아노를 전공하는 그의 두 딸이 하루도 쉬지 않고 연습했다 했으니 사람에 비유하자면 늙은 노새처럼 지쳤거나 자리 보전하기 직전인 상태였다.

그래도 나의 마음은 들떴다. 미끈하고 반지르르한 새 피아노 였으면 더 좋았겠지만, 풍파의 흔적이 역력한 모습일지라도 피아노 그 자체의 동경이 강했던 탓에 호불호를 따지고 싶지 않았다. 더구나 그의 두 딸이 이 피아노 도움으로 서울예고에 최종 합격까지 했다하니까 더 미더웠다. 무광택의 깊은 흑단의 그랜드피아노, 그 육중함이 마치 듬직한 일꾼 하나 들인 것 만큼이나 든든했다. 경험

많고 신뢰할 만한 사람이라도 들여 놓은 듯 거실을 버티고 있는 존재감에 마음이 놓이기까지 했다. 오래오래 같이 잘 지내자고 속옛말을 하면서 눈길로 쓰다듬었다.

중년을 넘은 운송기사는 조율사를 겸한 직업이었다. 피아노만큼이나 신산스럽게 보였다. 하긴 서울에서 여기까지가 어디라고. 눈까지 퍼붓는 날, 괜히 날씨가 이렇다보니 돈 주고도 미안했다. 이런 낡은 피아노를 뭐 하려고, 하는 눈치 같아서 민망하기도 했다. 피아노 못지않게 신산스러운 저 얼굴에도 삶의 피로가 덕지덕지 했다. 광대 뼈며 꽉 다문 입매가 쇠고집처럼 보였다. 돈이나 받고 어서 갔으면 싶었다.

내린 눈이 녹아 물방울이 맺힌 흰머리를 털면서 짐작보다 훨씬 먼 곳이라며 볼멘소리를 뱉었다. 통행료며 기름값을 따지는 손가락 계산같아서 불쾌했다. 서울 사람은 모두 세련되고 부드럽다는 사회적인 통념이 깨졌다. 퉁명스러운 어투며 닳고 닳은 잇속이며 나는 이런 장면에는 곧바로 경직되는 성격이라 불편하기 그지없었다.

돈을 계산하면 바로 갈 줄 알았는데 피아노 앞에 삐딱하게 서서 건반을 통통 두드렸다. 인상에 비해서 꽤 잘생긴 손이었다. 정확하게 건반을 두드리더니 훑어내리듯 유연하게, 아예 본격적으로 연주를 할 태세로 빠르게 어떤 곡을 쳤다. 익히 아는 곡인데도 제목이 떠오르지 않았다. 투박한 외모에 저런 감성이 있다니. 나도 모르게 정중해졌다. 젊은 한때 앞날이 창창한 피아니스트, 혹은 악기를 만드는 일을 했을까. 어쨌든 음악 계통에 종사하겠거니 짐작 했다.

연주를 끝내고 건반 하나하나를 손보는 데 시간이 오래

걸렸다. 한참을 그런 후 겉모양보다 괜찮다는 말을 툭, 툭 던졌다. 얼마 동안은 더 쓸 수 있겠다는 판정승에 마음이 환해졌다. 요즘에 이처럼 오래된 피아노를 쓰는 주부가 없다면서 처음으로 나를 똑바로 봤다. 음악에 문외한인 나야 어떻겠냐만 아이들이 쓸 수 있을 정도라니 그 말만으로도 고마울 지경이었다. 게다가 날더러 검소하다니. 난생 처음 듣는 평판이었다. 의례적이고 교과서적인 칭찬일지라도 기분이 좋았다.

음울한 인상이라서 성격이 괴팍할 줄 알았는데 피아노도 나도 긍정적으로 평가를 하는 통에 선입겹을 가졌던 내가 도리어 부끄러웠다. 진눈깨비 내리던 그 밤, 그렇게 피아노를 두고 조율사는 갔다. 북으로 북으로 눈길을 헤치며 갈 그의 생업 현장이 염려되긴 했지만 나는 나대로 집안일이 분주해서 까마득히 잊었다.

아이들이 시나브로 피아노를 두드릴 때마다 한동안 직업인으로서의 최선을 다하던 성실한 조율사가 떠오르곤 했다. 동화적인 분위기를 자아냈던 그 밤의 풍경과 함께.

우연히 아이들 학원 피아노 선생님과 이런저런 얘기 끝에 조율사 얘기를 했다. 사고가 있었든 집안 형편이었든, 그 방면에 빛을 못 보는 예술지망생들이 꽤 있다고 했다. 비록 연주활동은 중단했지만, 악기 수리나 감정 혹은 평가 쪽으로 전환한 사람들이 많다는 것이다.

그런 사람들의 위대함은 바로 그런 삶에 있다는 견해를 덧붙이면서 음악가로서의 삶만이 능사가 아니라 현실에서 도피하지 않고 새로운 지평을 열어가는 조율사라는 직업을 선택하는 의지가 대단한 것이라고 추켜 세웠다. 수수께끼가 되었을 어두운 인상, 미스테리한 행동이 비로소 이해되었다.

그후 피아노를 볼 때마다 모든 즐거움과 모든 아름다움을 뒤에 두고 척박한 현실을 견뎌내는 그를 떠올리는 버릇이 생겼다.

사촌 오빠

　자전거를 막 배우기 시작했던 초등학교 4학년 때쯤이다. 그 시절을 떠올리면 강렬히 타오르던 노을과 함께 구체적이고도 선연한 모습의 한 남자를 지울 수가 없다. 그가 어디서 와서 어디로 가는지는 잘 몰랐다. 무덥던 여름이 아니면 이른 봄에 불쑥 오는 것으로 신변의 무사함을 확인시켰다.
　해 질 무렵, 온 동네를 돌며 안개보다 더 아득한 혼돈의 냄새를 뿌려대던 소독약의 미로에서 가까스로 헤어난 날이거나, 큰언니가 타고 달리는 자전거의 꽁무니를 죽으라고 따라 뛴 그런 날, 지쳐서 집에 오면 우물 옆이거나 담벼락에 기대어 서 있었다. 무어라고 중얼거렸는데 나는 아무 말도 할 수 없었다.
　어린 시절 대부분을 보낸 나무 대문 집은 바깥에서 보면 마당도 없이 답답해 보였다. 행길을 향한 문을 열면 약간 휘어진 입구를 지나 낮은 우물이 있고 담 밑에는 잘 닦여진

장독들이 키를 재면서 반짝거렸다. 그곳을 몇 발짝 더 꺾어 돌아야 비로소 안채가 나왔는데, 적산 가옥 특유의 복잡한 이층집이었다.

북향으로 난 어둑신한 부엌을 지나면 윤기 흐르는 쪽마루가 기름을 칠한 듯 반지르르했다. 지는 햇살을 받을 때쯤에는 마루 전체가 반사되어 강물이 찰랑거리는 듯 했다. 복도의 중간쯤에 이층으로 올라가는 목조 계단은 낡아서 늘 삐걱거렸는데 체중이 작은 내가 오를 때 유난히 더 시끄러웠다. 그 계단참에서 헝겊을 입힌 인형과 소꿉놀이를 하거나, 일인 다역의 모노드라마를 했다. 그것도 지치면 다다미를 깐 이층 방에 올라가서 거리의 풍경과 오가는 사람들의 표정을 스케치북에 그리면서 놀았다.

그런데 그가 그곳까지 올라왔다. 계단 소리도 나지 않았다. 스며들듯 다가와 이제 막 불을 지피기 시작하는 여름 하늘을 뚫어지게 봤다. 벌겋게 타오르던 노을과 싸울 듯이 노려보는 눈 주변이 검붉게 보였다. 나는 긴장했고 그는 침묵했다. 그러다가 슬그머니 계단을 내려가면 한동안 오지 않았다. 당최, 그 속을 알 길이 없었다.

어쩌다 말문을 트기 시작한 날이면 감당하기 벅찰 정도였다. 나로서는 해독이 불가능한 영어를, 그것도 속사포처럼 쏘아대는 통에 미친 사람인줄 몰랐으면서 미친 것으로 여겼다.

숙모가 되는 어머니는 그의 정신이 온전하지 못한 것을 안타까워했다. 서울의 명문대학을 다니면서 지독하게 공부만 하느라 그렇게 된 것이라고 말할 때는 기운이 하나도 없었다. 동네 사람들은 유신헌법이 그렇게 만든 것이라고 쑥덕거렸다. 마른 몸에 약간 구부정한 등으로 지식인의 고뇌를 혼자 다 감당하는 것처럼 보일 때는 그 말이 사실처럼도 여겨졌다.

잠에 빠진 듯 희미한 눈동자, 계절을 모르는 두꺼운 외투, 이전에 존재했던 의미들을 잃어버린 채 그의 세상만이 온통 푹 꺼진 땅처럼 보였다. 호주머니에서 수첩을 꺼내 들고 방안을 이리저리 맴돌면서 메마르게 주절댔다. 나를 대상으로 말하는 것도 아니고 전달되는 것도 없었지만 따스하고 힘찬 생명력이 느껴지는 웃음소리를 내기도 했다.

그렇게 웃다가도 나를 빤히 바라볼 때의 그 눈동자에는 상처받은 짐승처럼 자신감을 잃었다. 불쌍했다. 동공 위를 한 겹 더 덮은 것이 물때인지 기름때인지 몰랐지만, 서 있는 자리조차 분간 못하는 어눌한 눈빛으로 쩔쩔 헤맸다. 어른다운 책임감이 없어서였는지, 명문대학은 무슨 명문하면서 나는 무시했다.

어떤 때는 누가 쫓아 오기라도 하는 듯 초조하게 굴었다. 다급해지면 물기로 덮인 눈에서 강한 기운이 뻗쳐 나왔다. 무서워서 시선을 돌렸을 때 노을은 어쩌자고 저리도 붉은 설움을 토한단 말인가. 황홀한 정신 착란을 일으키게 하는 강력한 주범이 저토록 아름다운 노을이라니.

노을은 부드럽지만 불행을 닮은 그림자처럼 동네를 적시고, 그의 낡은 셔츠를 적시고, 메마른 얼굴을 적셨다. 세상을 물들이는 거대한 색조 앞에서 대책 없이 섰는데, 열어둔 창턱에 한쪽 다리만 올린 그가 갑자기 하모니카를 불었다. 고요히 감은 눈, 검게 탄 입술로 하모니카 구멍 속으로 폐를 다 집어넣기라도 할 것처럼 깊고 큰 숨소리를 냈다. 아픔을 모두 불어내 하모니카 속으로 집어넣기라도 하려는 듯 혼신을 다해 불었다. 땀이 번들거렸다.

이미 그의 영혼은 방에 없었다. 그가 미쳐있다는 것을 확인했다. 그를 집착하게 한, 젊음을 송두리째 바쳤음에도 갖지 못한 이상적인 색채가 저처럼 처연한 붉은색이라고 단정했다. 그는 정말 어른들이 이야기하는 것처럼 우리 집안, 선산의 묘 이장이 잘못되어 제물이 된 걸까. 그 징표로 잘 나가던 청년의 멀쩡한 영혼이 저렇게 망가진 것일까.

불현듯 그가 되살아난 것은 중학교 미술 시간이었다. 선생님이 고흐의 해바라기와 자화상을 설명할 때였다. 어두운 시절을 불꽃같이 살다간 빈센트 반 고흐가 그 위에 겹쳤다. 스스로 선택하여 생애를 부서지듯 살다간 고흐의 천재성과는 사뭇 달랐지만, 타는 여름 하늘처럼 벌거벗은 채 모든 것을 다 보여주려다가 제 자리로 돌아갈 기회를 잃어버린 사람들.

광기는 가장 정직한 영혼의 소유자만이, 생을 지독하게 사랑한 사람만이 가질 수 있는 숭고한 경지라고 믿었다. 진정한 의미의 자유를 누리는 최후의 미소로 격상했다. 논리에 어긋나고 상식에 부합되지 않는 이 엉뚱한 생각으로 나는 사춘기를 호되게 앓았다. 고통이나 굶주림, 질병 노화에서 해방된 저 미쳐있는 세계야말로 진정한 유토피아라로 매겼다.

아무것도 모른다는 것은 질식이나 추락이 아니라 아무것도 책임질 일이 없다는 것이 아닐까. 고뇌도 없고, 소유하지 않고서도 원하는 곳을 마음대로 오고갈 수 있는 무의식의 의식. 얼마나 가볍고 순수무결한 삶인가.

진주 사람, 정행길

어제 진주에서 조용하지만 뜻깊은 행사가 있었다. 정행길 회장님의 '진주 사람 정행길' 출판기념회. 초대받지 못하는 행사들 많지만, 이 자리에 가지 못한 아쉬움은 유난히 컸다. 안타까움 때문이었는지 하루 만에 통독하고 정독까지 했다. 감회가 컸다. 소리 내어 울기도 몇 번, 그 시절 그랬던 일들이 기억 저편에서 걸어왔다.

농민운동에서부터 문맹퇴치운동, 새마을 운동, IMF금융위기 금 모으기 운동, 이성자 화백과의 숙명적인 운명, 그리고 미구에 닥칠 미술관 운영문제 등을 낱낱이, 소상히, 생생하게 그렸다. 오래전의 치적들임에도 동분서주, 불원천리, 오매불망했던 애끓는 사연들이 펄펄 끓었다.

개인사를 뒤로 한, 애환과 회한의 모정에서 나도 모르게 오열했다. 자식 키운 어미로서의 공통된 동병상련이었다. 그 시절 가난보다 더 절실한 작가의 인생이 바로 우리 진주였다. 이러한 일생을 더 가능하게 했던 것은 기록, 수집 보관이라는 좋은 습관이 가교 역할을 했다. 어른 아이 없이 본받을 교육 책자로서 손색이 없었다. 인성교육의 표본으로 삼아도 부족한 것 없었다.

지도자들에게 공통으로 있는 일 처리 방식이 성실하고 충실했다. 일의 실체에 접하면 고민하고, 걷어붙이고, 찾고, 나서고, 해결될 때까지 포기하지 않았다. 집요함이 이 모든 프로젝트를 성공시킨 핵심이었다. 도도한 강물처럼 스스로를 믿고, 도전하고, 나아갔던 뚝심과 함께 변함없는 겸손, 여장부 기질 속에 감춰진 온화한 모성애, 여성성, 이타심이 또다른 축이었다. 소문대로 집안의 환경과 부모님으로부터 물려받은, 좋은 기질이 선천적으로 배어 있었다. 아는 만큼 실천하는 행동양식도 뺄 수 없었다. 말과 행동의 일치는 정 회장님을 아는 모든 사람에게 이구동성으로 회자되는 정도이니.

이 책의 장점은 철저한 검증과 자기 성찰, 구체적인 사실의 열거, 거짓과 가식 없는 서술에 있었다. 한마디로 마음의 깊은 고뇌를 기록한 수기 같았다. 진주와 서울, 진주와 프랑스를 직접 뛰어다닌, 현장에서 겪은 일들로 구성된 사실적이라는 점에서 돋보였다. 읽으면서 내내 정 회장님의 마지막 숙원사업인 이성자 미술관을 반석에 올릴 이가 누구일까 생각했다. 크고 작은 무대에서 '북평양 남진주'라는 인용을, 우리 진주를 극찬할 때마다 즐겨 썼던 최구식 전 국회의원이 떠올랐다. 진주는 고려시대 이전부터 빼어난 고을임을 설파하던 수려한 목소리도 떠올랐다.

아첨하지도, 선심을 베푸는 척하지도, 술책을 부리지도, 전략을 짜지도 않는 진주. 타고난 신사와 다를 바 없고, 내성적이면서도 적극적이고, 바르고 침착한 태도로 해야 할 일에 집중하고, 공사를 구별하면서 사리사욕 없이 목표에 도달하고 목적을 달성하던 큰 인물 같은 진주, 대단한 어른들이 많았던 진주.

예전에 비해 동력을 잃어가는 진주의 모습이 쓸쓸하다. 세계의 속도보다 훨씬 빠르게 노화되어 가는 현실을 보며 어떤 이는 관망하고 어떤 이는 포기하고, 또 어떤 이는 절망을 이용하여 자신의 안위와 이익을 추구하고, 덤으로 얻는 것에 급급해하고 있는 것은 아닌지. 나부터 돌아볼 일이다. 심지어 동반 추락인 줄도 모른 채 학연과 지연에만 갇혀 허영의 가속 페달을 밟고 있는 이들을 보면 걱정이 앞선다.

진주의 정직성과 성실성을 훼손하면서 진주를 실제보다 더 작게 만들기를 원치 않는다면 반드시 '진주사람 정행길'과 '남명, 그 발자취를 탐하다' 이 두 권의 책을 권한다. '남명, 그 발자취를 탐하다'가 진주의 철학과 소신과 바른 정신을 피력한 본질이라면, '진주사람 정행길'은 전자의 책을 둘러싼 문화와 예술, 삶의 바른 양식을 지향하는 지도자로서의 면모를 일깨우는 외피 같은 책이다.

작년 연말에 이어 올 연말에 나란히 출간된 두 권의 책은 진주 정신을 관통한다는 것이 공통점이다. 지치고 힘든 진주를 회복하고 좋았던 것들은 복원하고 미래로 뻗어갈 힘을 지녔다. 출간 이후와 출간 이전이 구분될 것이다. 인식이 전환될 것이며, 바른 생각, 바른 실천을 하는 사람들 더 늘어갈 것이다. 아픈 곳 많은 지역의 증상 하나하나를 면밀히 살피고 진단해서 대 지각변동을 일으키는 반전의 책으로 남게 될 것이다.

봄이 오면 진주를 깨우는 전령이 영춘화, 복수초, 진달래,

개나리가 있지만, 이 두 권의 책이 꽃이 되고 잎이 되어 진주 사람들의 가슴에 숭고한 아름다움을 지향하는 눈 틔우게 되었으면 좋겠다.

공간에 대한 예의

동네 카페를 갔다. 위치 좋은 테이블에 '빈자리'라는 독백적인 어투의 팻말 놓여 있었다. '비었으니 앉아도 된다.'로 해석했다. 그게 아니었다. 코로나 자리라는 사실을 알고 구석진 자리로 옮겼다. 목소리 큰 사람도 떠드는 사람도 없었다. 소음 없는 공간, 여백 있는 공간이 진짜 쉼터임을 새삼 느꼈다.

코로나19는 우리에게 깊은 상처를 남겼다. 늘 그래왔던 것처럼 우리 나름의 대응책 찾아냈다. 산책로, 자전거 도로, 골목 문화 되살아났다. 혼자 산책하는 풍경들 자연스레 나왔다. 상대가 없으니 불필요한 대화 역시 사라졌다. 겉치레나 호들갑스러운 반응 당연히 줄었다. "네." "오, 그래요." "그렇고요." "흠. 맙소사." 같은, 감탄사나 공감의 추임새는 늘어나고 가식적이고 의례적인 말투는 솎아졌다.

공간의 의미를 사전에는 이렇게 풀었다. 물리적으로나 심리적으로 널리 퍼져 있는 범위. 우리는 오랫동안 빈

공간을 지우는 방향으로 기를 쓰고 달렸다. 줄 서고, 기다리고, 붐비고. 소문난 장소 찾아 떼 지어 다녔다. 바람도 못 지나갈 정도로 빽빽한 관계망 엮는 것을 성공한 삶이라 여겼다.

거리 두기는 이러한 관계 문화 멈추게 했다. 일상 속의 경험과 주관적 정서 키우는 전환점 되었다. 게걸스러운 자유분방함 극기로 다스리고 내면의 주체성 확보하는 시간 많아졌다. 공간에 대한 개념도 다시 살폈다. 유유히 상종하고, 끼리끼리 노는 문화 축소하면서 코로나로 인한 근심 견인해 냈다.

일생이 노숙인 유목민들도 고유한 영역이 있었다. 그들의 천막 유르트 입구 오른쪽은 여자, 왼쪽은 남자의 공간이었다. 누구도 침범할 수 없는 지엄한 공간은 남존여비 사상이나 권력의 힘으로 나눈 것이 아니었다. 초원에서 태어나 초원에서 생을 마감하는 그들이기에 상대에 대한 존중을 가장 먼저 챙겼다. 집시 문화야말로 배려가 우선했음을 단적으로 보였다.

운신조차 쉽지 않은 무덤덤한 일상이 연속된다. 혼자 걷고, 혼자 보고, 혼자 듣는 시간도 늘어나고. 차츰 익숙해지고 있다. 혼자만의 시공간을 잘 누릴 줄 아는 사람이 빨리 자유를 얻는다. 차제에, 사람에 대한 싸구려 연민과 얕은 감상 걷어내고 공간에 대한 예의와 품위 더 갖추었으면 한다. 인류는 더러더러 이런 천재지변급 위기를 통해 한 걸음 한 걸음씩 도약해 온 것 아닐까.

착각하는 여인들

　나를 비롯한 대부분의 여자는 말이 많고, 크게 웃고, 작은 일을 해도 티를 낸다. 이런저런 불안감 때문에 혼자 있는 시간을 잘 운용하지 못하니 관계 속에 있으려고 기를 쓴다. 활발하게 움직이는 무엇이든지를 잡으려 하니 외출이나 초대, 회합 등에 나가는 것을 최우선으로 한다.
　이런 이들일수록 정작 자기 발전을 위한 시간에는 인색하다. 인색한 줄 모르니 남과 어울리는 자리에서 보이는 당당함만을 자신의 전부인 양 드러낸다. 자기를 잘 아는 가까운 이들은 멀리하고, 모르는 곳에서 과시할 기회를 찾다 보니 장소 불문하고 기웃거린다. 겉치레하는 데 드는 돈은 아끼지 않으면서 남의 돈 귀한 줄은 모른다. 심심한 것을 못 견뎌서 이리저리 불러내어 차 마시자, 밥 먹자 해놓고 정작 계산할 때는 슬쩍 빠진다. 점잖은 사람의 매너를 최대한 이용해서 얄팍한 실속은 다 챙긴다. 타산적인 계산뿐만 아니라 고집이니 체면이니 하는 감정을 늘 앞세우니 일은 엉뚱한 방향으로 전개된다.
 자가당착으로 대접받을 권리를 타고났다는 듯 남의 입장 아랑곳하지 않고 관계를 주도한다. 후배들이나 힘이 약한 대상에게 대놓고 갑질한다. 교묘하기는 우등생이지만 관계의 진정성을 모르는 만년 열등생이다.
 성적 매력이 감퇴한 나이임에도 젊음과 견주는 일에 주저하지 않는다. 무리하게 화장하고 희한한 복색으로 대중의 눈길 끄는 것이 목적이다 보니 모임의 근본 취지에 부합되지 않는다. 언제나 과시할 거리, 유리한 평가를 얻기 위해 표리부동한 행동을 겁없이 감행한다. 여기저기 이름 걸고 두리번거리면서 비웃음만 사다가 폭삭 늙어간다. 만년 하수라서 그렇다.
 이런 여인들 무슨 일에나 갈등을 유발하고 일마다 자신에게 유리하게 매듭짓는다. 제 편 남의 편 갈라놓고 사람을 무리하게 끌어들인다. 제 유리한 일에는 목소리를 크게 높인다. 스스로를 옹호하는 데 급급하니 말은 달변이나 행동은 묘연하고 일의 종결은 오리무중이다. 사실을 왜곡하고 과장되게 해석해서 정확한 판단을 흐려 놓는다.
 그럼에도 일이 시작될 때 매번 전면에 나선다. 혹시나 일이 잘못될 낌새가 보이면 처음의 호기로움 오간 데 없이 아예 종적을 감춘다. 주위 사람들을 너무 단순하고 만만하게 본다. 책임감에서 오는 부끄러움이 없으니 어른다운 관용은 찾을 길 없다. 후안무치, 철면피. 언제나 과잉, 아니면 결핍이 그들의 본 얼굴이다. 교육 수준, 지적 수준 한껏 높아져 시대가 달라졌는데도 스스로를 착각하고 사는 이런 여인들, 요즘도 있을까.

등교 수업

 다시 비상이다. 코로나19의 재확산으로 전교생 중 한 학년 등교로 제한되었다. 아이들은 물론 학부모도 교사들도 혼란스럽다. 학사 일정 회복은 요원한 데 낯선 카테고리가 일상을 압도한다. 당연한 것들이 당연하지 않은 채 3월이 간다. 중등 교육의 본질은 자아의 정체성을 찾고 진로를 탐색하는 데 있다. 감수성과 기억력이 왕성한 이 시기는 다양한 체험을 통해 몸도 마음도 쑥 자란다. 이때의 특별한 경험은 평생을 살아가는 동력이 되고 어떤 아이에게는 생의 좌표가 될 만큼 지배적이다.
 국어 시간 나는 여전히 자연과 독서의 힘을 강조한다. 동서양 고전으로 당대 사회를 알게 하고, 시적 상상력을 키우게 하며, 현실을 재창조할 수 있는 소설의 효용성에 가치를 더 부여한다. 이런 시대일수록 문학에 기대기로 한다. 풋풋한 감수성을 보호하고 심대하고 풍요로운 삶을 지향하는 아이들이기를 더 기다린다. 존재가 가야 할 궁극의 유토피아를 꿈꾸게 한다.
　협소한 세계를 사는 아이들에게 학교는 그 어떤 곳보다 영향력이 큰 장소다. 계절의 아름다움과 자연의 변화무쌍함과 나무와 꽃과 비와 바람이 자아내는 현상을 관찰할 수 있는 곳이기에 더욱 그렇다. 학창시절은 등교하는 순간부터 세계가 확장된다. 생동하고 약진하는 심성이 길러진다. 수업 시간 선생님을 통해서, 쉬는 시간 친구들과 소통하고 운동장에서 뛰고 달리면서 자연과 교감한다. 알게 모르게 성장한다. 학교는 거대한 우주다. 삶의 맥락을 보는 안목이 순간순간 발아되는 아이들의 세상이다.
　삶의 맥락과 기본기는 운동장에서, 주제가 있는 수업에서, 자유학년제 활동을 통해서 실시간 체득된다. 중요한 것과 중요하지 않은 것을 구별하고 일어난 사건과 일어날 사건과의 함수 관계를 습득한다. 남과 나의 차이를 비교하고 경쟁하고 부딪히면서 섭렵한다.
　유동적인 삶을 통찰하지 못하면 인생을 하나의 목적으로만 설정하는 인간이 된다. 굳어버린 한 개의 벽돌로 산다. 스스로의 삶을 자각하고 깨닫고 느낄 때 비로소 유연한 존재가 된다. 맥락 파악은 통찰에서 온다. 맥락을 보는 눈은 이런 것들에서 길러진다. 시시각각 출렁이는 자기 감정 눈치채고 발산하고 제어하면서 익숙해진다. 용기 있는 개인의 참되고 빛나는 호연지기 구현된다.
　초 예측의 시대다. 낯선 것이 새로운 기본이 될 미래는 혼란스럽다. 학교도 변해서 변화에 대처하고 대처할 수 있는 새로운 시스템에 적응하는 인간형을 길러야 한다. 강한 정신적 탄성과 풍부한 감성의 발현과 지적 균형감각을 익히는 교육, 말랑말랑한 인격체로, 인간적인 인간으로 성장시킬 프로그램 마련하는 것이 관건이다. 원격수업은 이런 것들을 해결해 주지 않는다. 그러기에 등교 수업이 중요하다.

어떤 하루

 시골 버스는 가다가 멈추고, 시간을 끌었다 당겼다 늑장 부리면서 땅거미 내리는 길을 터덜거렸다. 귀가하는 사람도 있고, 쇼핑백을 든 사람도 있었다. 서로를 익히 아는 듯 버스에 올라타면서 웃고 떠들었다. 버스는 천천히, 가는 건지 안 가는 건지 모를 정도로 한참을 더 달렸다.
 마을로 접어들고도 30분 이상을 더 갔을까. 분화구처럼 푹 패인 둥근 지반 위에 밀집된 건물 몇 개와 호텔과 카지노 바, 레스토랑 등이 보였다. 미국의 라스베거스 일부를 옮겨 놓은 듯, 산촌 변두리가 대도시처럼 화려했다.
 소문대로 한국의 라스베가스, 태백시가 천지개벽하고 있었다. 아이가 일한다는 건물주변이 북적거렸다. 서로 인사하고 잡담하는 말소리들, 웃음소리들, 높고 불안정한 대화들. 그속에 민들레 풀씨처럼 창백하고 가느다란 여자아이가 불쑥 튀어나왔다.
 노란 머리카락을 한껏 부풀리고 눈은 판다처럼 검은색

마스카라로 깊고 진하게 칠한 얼굴이었다. 그런데 그 아이가 지아였다. 짙은 청색의 비단 천에 꽃줄로 만든 어깨끈의 원피스는 흘러나오는 강렬한 음악과 어울렸다. 정신없고 들뜨게 하면서 마구 살아도 될 것 같은 리듬은 여름밤의 높은 기온과 열대야 때문인지 도발적인 일탈을 안하는 사람이 비정상인 곳이었다.

무슨 이벤트라도 있는 모양이었다. 두 줄을 이어 선 사람들이 입구로 빨려 들어가듯 미끄러졌다. 호기심에 들뜬 남자아이들, 그들의 손에 이끌려 가는 파트너 여자아이들이 블랙속으로 대책 없이 쓸려 갔다. 청년들 일행이 축구 경기라도 하고 나온 것처럼 열기와 땀에 젖어서 나오고 있었다. 여자애들은 헝클어진 머리카락을 손으로 쓸어올리며 담배를 피워 물었다. 원색의 조명과 강렬한 음악이 묘하게 신경을 자극했다.

몇몇 남자들이 나를 흘끔거렸다. 도전적인 눈빛으로 쏘아보는 남자도 있었다. 수습하기 어려운 정신을 수습할 사이도 없이 지아 엄마의 격앙된 목소리와 동시에 들고 있던 가방으로 현관 벽과 통유리를 사정없이 때리고 있었다. 순간, 청색의 비단 천이 고기 비늘처럼 탁 튀더니 후다닥 뛰쳐나갔다. 위로 올라갔다 내려오기를 반복하는 현란한 치맛자락이 아찔아찔해 보였다.

지아는 내 반 아이였었다. 지금은 졸업했지만. 중학교 3학년이 되면서 아이의 가출은 감당이 안 될 정도로 잦았다. 마트를 경영하는 그들 부부에게 지아는 피복이 벗겨진 전선처럼 언제 어디서 스파크가 튈지 모를 만큼 위험했다.

서울 압구정에 있는 연예인 양성 학원에만 보내주면 열심히 해서 성공하겠노라던 약속은 매번 오래가지 못했다.

거짓말을 물 먹듯이 하면서 얻어간 돈이 대학 4년을 졸업하고도 남을 돈이었다. 부부가 마트를 한다지만 걸핏하면 술에다 폭력을 행사하는 지아 아빠였기에 혼자 마트를 운영하는 지아 엄마는 딸의 탈선으로 점점 지쳐갔다.

성급하게 성인이 되고 싶은 아이는 학교며 담임이며 또래 친구들은 초등학교 때부터 시시했다. 대학생, 성인들과 어울리면서, 여기까지 온 상황이었다. 마지막으로 아이가 있다는 곳을 수소문해놓고 방학 때를 기다렸다가 오늘 온 걸음이었다. 담임이었던 내 도움을 절실히 바랐고 어릴 때부터 집에도 자주 놀러 왔던 지아인지라 나도 무관심할 수가 없었다.

그렇게 달아나서 돌아오지 않을 아이를 기다리는 일은 고통이었다. 환락의 세계는 밤새도록 깨어 있었다. 동이 트기라도 하면 마치 세상이 끝나기라도 하는 것처럼 밤새워 놀아났다. 문명의 야수성에 할퀸 이는 비단 지아만이 아니었다. 그곳에 있는 많은 남녀 아이들이 지아 같은 처지에 내몰린 건 아닌가 걱정했다. 보호자를 자처했던 나도 지아 엄마도, 그리고 익명의 얼굴, 얼굴들이 모두 마음의 상처들로 얼룩진 사람들 같았다.

감각에만 의존하는 자본주의의 날카로움에 베인채 피를 흘리는 사람들. 현대인의 고독한 일탈과 공생하는 환락의 밤은 아무것도 모른다는 듯 뜨겁고 화려하게 타들어 가고만 있었다. 생각보다 빠르게 우리 사회가 쾌락주의로 흘러가는 것을 보았다. 서늘한 한기에 온 몸이 오돌오돌 떨렸던 어떤 여름 날이었다.

원격수업의 두 얼굴

모니터 속 아이들은 떠들고 낙서하고 웃고 먹는다. 먹으면서 듣고 마시면서 배운다. 음악으로, 그림으로, 짧은 멘트로 분주히 교신한다. 채팅창이 시끄럽다. 정보 소통과 쌍방향 리액션이 화상 수업 주도한다. 신천지, 새로운 풍경이다.

등교수업 대체 격인 원격수업은 융합이 매력이다. 문학과 음악이 만나면 글이 있는 음악회가 된다. 시와 그림이 만나니 웹툰이나 애니메이션이 된다. 미적 감흥 일어난다. 교사가 무엇을 가르치는지, 아이가 얼마만큼 집중하는지 부모의 확인 가능하다. 1학년 자유학년제 수업을 가정과 연계하면서 진로 모색이 극대화 된다. 창의성과 협업정신, 역량 강화 구축에 지역사회 거들면 더 크게 도약된다.

그러나 자유롭고 편한 만큼 방치되면 낙오된다. 출석만 체크하고 이탈하는 아이들 통제하기 어렵다. 집중의 유무 파악도 쉬운 일이 아니다. 모니터 끄고 음소거 하는 순간 속수무책이다. 부모와 교사의 손길 닿지 않는 무방비 상태는 늦잠 자고 오락하고 게임으로 방치되면 나태로 굳어진다. 소극적인 아이들, 뒤처지는 이이들 책임질 대안은 턱없이 미흡하다.

국어 시간, 책상에 앉아 있는 습관부터 기른다. 교과 외적 활동으로 흥미를 유도한다. 명상으로 시작하고 '나를 찾는 글쓰기'를 권장한다. 매일 아침 글쓰기, 매일 저녁 글 읽기. 일상적인 괴로움도 글쓰기로 치유한다. 나의 진로 나의 꿈을 진지하게 모색한다. 책 속의 좋은 글귀 필사하면서 내면의 생각 단단하게 구축한다. 말솜씨 글솜씨가 나날이 좋아진다. 가사 일 도우면서 협업하는 사회성도 함께 익힌다. 맞벌이 가정, 소외계층 아이들 잘 따라온다.

원격수업 장점은 전문가가 구축한 미디어 활용에도 있다. 플랫폼, 동영상, 유튜브를 잘 사용하면 현실적 교육 한계 보완할 수 있다. 변화의 시기, 세계가 움직이는 방향을 가늠하고 필요한 미래를 준비하는 기회가 된다. 중요하고 중요하지 않은 것, 해야 할 것, 버릴 것이 첨예하게 구분된다. 영리한 아이들은 이미 흡수하고 총명하게 선도한다.

자기 주도 학습이 필수적인 원격수업이다. 학교와 가정의 역할이 더 커진다. 궤도에 오르려면 범교과적인 융합과 선진화된 시스템으로 진화해야 한다. 좋아하고, 잘하는 것, 즐겁고 의미 있는 내용에 이끌려 모니터를 신뢰할 때 미래의 산실이 된다. 학교와 교사, 학부모와 지역사회의 관심으로 원격수업 두 얼굴 잘 살펴야 할 때가 바로 이때다.

포스트모더니즘, 포스트코로니즘

　캠핑하러 갔다. 격식에 얽매이기를 싫어하는 MZ 세대인 딸과 호수를 낀 강원도 숲에서 2박 3일을 보냈다. TV, 오디오, 컴퓨터와 대형 스크린을 설치한 곳도 있고 그저 자연의 고요를 누리는 이도 있었다. 우리는 주로 불멍만 했는데 머리가 맑아지고 가슴이 뚫렸다. 물밑의 암류처럼 조용히 변화하고 있는 어떤 변화의 기류가 느껴졌다.
　코로나 수칙은 초유의 권태를 몰고 왔다. 집안에 갇힌 답답한 일상은 대화다운 대화를 잃었고 서로가 무슨 생각을 하는지 모른 채 살았다. 상권이 붕괴되고 일터를 상실한 좌절감은 불평과 울분을 토하다가 이제는 반쯤은 관속에 들어간 것처럼 죽은 삶이 되었다.
　포스트코로니즘은 1970년대 미국에서 출발한 포스트모더니즘에 빗대 만들어 본 말이다. 코로나 후유증과 사태가 진정된 이후에 올 현실을 함축한 용어다. 종래의 사회질서나 관습 등이 코로나를 겪으면서 무너질 것은 무너지고 해체될 것은 해체됐다. 미래를 코로나가 앞당겨 버린 셈이다.

　오래도록 지속된 코로나 방역 지침은 새로운 문화를 탄생시켰다. 기존의 질서는 무너지고 정형화되어 있던 틀은 뭉개졌다. 집단에서 개인으로, 대규모에서 소규모로, 공유에서 독자적인 삶으로 이동했다. 타인의 시선을 의식하지 않는 캠핑족의 주말 풍경이 그 변화의 한 상징으로 보였다.

　"시간 가는 줄도 모르고 도서관에서 책을 읽었어요," "동료들과 술을 마시다 보니 많이 늦었네." "전화? 아, 예. 사우나를 좀 오래 했어요."와 같은 말은 사라졌다. 조직의 계, 동아리, 회합, 친목회, 경조사 등의 행사를 통해 얻는 행복은 무의미해지고 고갈된 인간성이 시공을 넘고, 그러면서 정착과 쇠퇴가 동시에 일어나고, 존재하는 것이 부재하고, 부재했던 것들이 낯선 형태로 출현한다. 그 모든 것들이 혼재하는 양상도 포스트코로니즘이다.

　가벼움을 추구하는 20대인 딸의 삶은 정착을 당연하게 여겼던 우리 세대 주거양식과는 판이해졌다. 거의 유랑 수준에 맞먹는 캠핑족, 차박족, 혼족들의 일상의 패턴이 화학적 결합을 통해 지금까지의 주거양식 속으로 자연스럽게 파고들고 있다.

　자연히 정원을 조성하는 집이 늘어간다. 마당에 텃밭을 가꾸거나 옥상에 정원을 꾸며놓고 도심 속의 자연을 즐기는 일상이 곳곳에 보인다. 전원생활, 주말농장, 조립식주택 같은 것은 유목과 정착의 혼용이 아닌가. 형식을 초월하여 자연의 신비와 거기서 오는 즐거움을 취하고 행복감으로 걱정 없는 미래를 준비하는 것도 포스트코로니즘이다.

　이 가을 지나면 겨울이 온다. 당연한 이 이치를 불평하지 않듯, 포스트코로니즘은 강물이 바다로 흘러드는 것처럼 다음 삶의 번지수가 될 것이다.

전화위복, 코로나19

　다시 등교 중지다. 아이들 대신 소형카메라가 부착된 컴퓨터와 마주한다. 출결 확인이 최우선이다. 신변과 건강의 안전 유무를 반드시 체크해야 한다. 시야에 포착되지 않는 아이들을 일일이 호명한다. 잠에 취한 얼굴들 불러내느라 목소리 높아진다. 온라인 수업에, 보건위생 업무에, 돌발적인 사안들로 학교가 지쳐간다.
　국어 시간 이육사를 공부한다. 흥미 유발을 위해 음악을 접목한다. 핀란드의 작곡가 '장 시벨리우스'. 그의 교향시 26번 '핀란디아'로 1교시를 연다. 우리의 '아리랑' 같은 곡이다. 1939년 러시아 침공으로 좌절하던 핀란드 국민들을 울린 스토리는 일제강점기와 흡사하다. 독립정신 불씨 지피고 풍전등화 같은 나라 되찾은 이육사의 삶을 웅혼한 기상으로 연결한다. 호쾌한 관현악이 북구의 정서를 광활하게 펼쳐내고 저항시인 이야기는 눈으로 따라간다. 음악에 심취하고 책 읽기에 몰입된 모습들이 화면에 죄 포착된다. 극대화 된 효과다.

　일생 중 12세에서 16세까지 경험한 것들은 평생을 간다. 이 6년 동안 얼마나 순도 높게 공부하고 독서하느냐가 평생을 좌우한다. 다산 정약용이 강진에 머물 때 남긴 글에도 이 시기의 중요성과 독서의 힘을 강조했다. "인생에 독서할 수 있는 시간은 모두 해야 5년에 그친다. 11세 이전에는 아직 멋모르고, 17세 이후로는 음양과 즐긴다. 이때부터는 여러 가지 기호와 욕망이 생겨나서 책을 읽어도 깊은 유익함이 없다. 그 중간의 5년이 독서할 수 있는 좋은 기간이다. 사람이 12세가 되면 총명과 지혜가 마구 솟아나 마치 여린 죽순이 새로 돋는 것과 같으니 이것이 16세까지 간다."

　다산의 이 말을 교단생활 지침으로 삼았다. 불의에 저항한 동서양 위인전 읽히며 마음의 통을 넓힌다. 생로병사 초월한 지사의 일대기로 성장기 내면의 힘 키운다. 이육사와 시벨리우스, 북방과 북유럽의 공통된 신념을 형상화한다. 광야에서 말 달리며 나라 구한 투사의 고독이 달관의 경지임을 가슴으로 느낀다. 무릇 공부에도 때가 있고 독서에도 때가 있음이다.

　코로나19가 장기전이 될 태세다. 외출마저 여의치 않은 이 상황, 날씨는 비정하리만큼 화창하다. 놀기도 좋겠지만 독서하기에도 더없이 좋다. 전화위복으로 만권의 서적 읽고 학자다운 학자가 배출되기를 바란다.

　표류하는 시대를 통과하는 12세에서 16세의 아이들은 자신들이 어떤 상황에 놓였는지 모른다. 격앙된 이 시절이 어둠의 구간인지조차 모른다. 독서가 구원이다. 어른이 나서야 한다. 가정과 학교가 힘을 모아 아이들에게 닥친

비바람 막아야 한다. 보석 같은 이 시기 반짝거리게 하는 것이 어른들의 일이다. 그것이 교육이다.

코로나의 역설, 학교의 진화

위드 코로나로 학교가 전례 없이 바빠졌다. 전면 등교에 따른 학사조정, 급식순서, 점심시간 재배치, 코로나에 따른 각종 서류들. 기말고사, 성적처리, 생활기록부 작성, 3학년 진학상담, 거기다 2년 만에 부활 되는 축제까지.

정상적인 교육과정 미리 독려한 교장선생님의 결단이 위드 코로나에 주효했다. 내다본 듯 준비한 간부수련회, 우리말 한마당, 영어말하기, 수학여행, 졸업여행 등이 단기간에 착착 진행됐다. 갑갑한 원격수업, 등교수업, 한 학기 두 번씩이나 치르는 시험 스트레스 해소할, 재미라곤 없는 생활 불평들이 이어졌다. 목말랐던 아이들 학예제에 첨벙첨벙 빠졌다. 전 교사 움직이고 학생회가 주축되어 학예제와 배구대회 통합해서 개최했다. 학년별, 반별 거리 간격 지키면서 마스크도 잘 챙겼다.

코로나가 준 기회였다. 매체로 소통한 학예제는 그로 인해 잃은 세월 몇 배로 갚았다. 이 시기의 감성들을 다이나믹한

리듬에 맞춰 일사불란한 군무처럼 펼쳤다. 정제된 시나리오와 순도 높은 영상미는 실제보다 더 실제적이었다. 뮤지컬, 패션쇼, 다큐멘터리, 재즈댄스, 영화 연극. 각자의 재능을 마음껏 발산하고 절실한 마음의 말은 자막으로 띄웠다. 사제 동참 코너에서 선생님들의 숨은 끼까지 덤으로 포착했다.

"제대로 될까, 에이, 집합 활동 안 한 지가 언젠데 잘되겠어요?" "그래, 맞아. 형식적이겠지" 반신반의했던 방심들 찬물 세례 받았다. '언제 이렇게 연습을 했을까' 생광스러운 감동 끝에 변화를 주도하는 아이들이 보였다. 새로운 자아를 형성하고 무언가를 만들어내고 있는 이들은 첨단의 기기와 조직적인 시스템을 기능적으로 움직였다. 일찌감치 보고 자란 BTS 버금가는 예체능 솜씨와 유연한 기량 있어 축제 문화 빠르게 기획하고 연출했다. 진화의 조짐을 느꼈다.

니체는 '진정한 교육은 아이들의 능력이 최대한 발휘되도록 이끌어주고 굴레에서 해방 시키는 것에 있다'고 했다. 지금 우리 학교에서 일어나는 일들이 니체 철학의 구현이라 감격한다면 나의 과잉일까. 너무 걱정한 끝에 너무 흥분했는지 모르겠다. 시험(試驗) 아닌 시험(侍險)으로 거듭난 학교는 12월의 봄이라 할 만큼 생기발랄하다.

봄, 가을, 여름 없이 시대조류 반영된 이런 교육 기대하는데, 오미크론 쇼크가 밀려온단다. 워낙 센 바이러스라니 또 빗장문 걸게 될까 걱정이 앞선다. 그 또한 극복하겠지.

작은 직업

아이들을 맡아 가르치다 보면 저마다 다른 이유로 아파하고 힘들어한다. 얼핏 비슷한 성장통인 것 같아도 아픔의 농도와 그 깊이가 제각각 다를뿐더러 어른들의 삶과 큰 차이가 없음도 알게 된다.

세월호의 여파로 학교나 교사의 위신이 추락하여 모두가 기가 죽어 지내던 때였다. 갑자기 우리 반 은수가 와르르 엎어지듯 교무실로 뛰어와서는 소낙비 같은 눈물을 쏟아냈다. 좀체 자신의 사정이나 힘듦을 드러내지 않는 아이인지라 당황스러웠다. 눈물범벅이 된 얼굴로 나에게 사정하듯 말했다. 학교를 그만두겠다는 것이다. 이미 전학 갈 수 없는 중3의 겨울인지라 참으로 난감했다.

특정 과목 수업 내내 엎드려 사는 낫에 그 과목 선생님의 몇 차례 주의와 경고가 있었지만 시정되지 않자 자존심 상하는 말을 연거푸 들은 것이 원인이었다. 순간, 내 잘못이 떠올랐다. 아이의 비밀스러움을 지켜주는 데만 급급했었지 동료

교사나 과목 선생님들께 은수의 성장 배경을 이해시키는 노력을 간과한 것이다.

은수는 태어나자마자 보육원에서 자랐다. 그럼에도 그늘이 없었다. 매사 여유롭기까지 한 모습은 부모의 사랑을 받으며 풍족하게 자란 아이들과 다르지 않았다. 그런 이유 탓에 오히려 이따금 드러나는 돌발적인 언행과 공부에 흥미를 갖지 못하는 태도는 선생님들의 오해를 더 부추기는 결과를 낳았다. 야무지고 여성스럽게 생긴 외모와 달리 선머슴애처럼 구는 아이를 나도 처음엔 잘 이해할 수 없었다.

은수가 살고 있는 보육원을 방문했다. 마당에는 목련꽃이 솜뭉치처럼 뚝뚝 떨어지고 있었다. 원장 선생님과 담임선생님의 면담 내용은 은수는 보육원에서 가장 활발하고 최선을 다하는 원생이라는 것, 보육원 여건과 열악한 환경 때문에 집단으로 기거할 수 밖에 없는 개인공간, 플룻과 유도에 특별한 재능을 보이고는 있지만 뒷받침을 할 형편이 못된다는 현실을 보고 들었다. 보육원에서 은수는 젖먹이 두 명을 돌보며 생활했다. 한밤중과 새벽녘에 두 세번 깨어나 분유를 먹이고 기저귀를 갈아야 했다. 한참 잠이 많을 은수 나이가 떠올랐다.

그날 이후 나는 은수가 수업 시간에 조는 것도, 애써 태연한 척 하다가도 돌발적인 행동이 튀어나오는 순간도 모두 이해했다. 유도와 플룻을 배울 수 있도록 도왔다. 유도 품계 시험 준비를 하는 중에 이런 일이 벌어진 것이다.

아이를 다독여 집으로 보내고 다음 날 나는 그 선생님께 은수의 형편과 내 생각을 전했다. 그럼에도 그 선생님의 태도는 완강했다. 수업시간에는 어떤 경우, 어떤 아이도 엎드려 자서는 안 된다는 자신의 방침을 특정 학생으로 인해 수

정할 수 없다는 것이다. 그것은 방관이자 방치이며 수업 교사의 책임을 유기하는 것이라고 힘 주기까지 했다. 교사로서의 정석에 가까운 소신임에도 나는 어쩐지 헛바퀴가 도는 것 같아 기운이 빠졌다. 초임한 교사의 의욕과 신념 앞에 학생들의 특수한 환경과 성향이 배제되는 현실이 암담했다.

젊음의 우매함 중 하나가 자신의 신념이라고 믿는 데서 내리는 결정들이 사실은 본인의 취향이자 수준에 불과한 것일 때가 있다. 그것이 이성이나 편견, 미신에서 오는 것일 수도 있고, 어떤 때는 사회적 호감, 또는 사회적 반감, 또 부러움이나 질투, 교만이나 오만에 의해서 나올 수 있지만 스스로는 미처 깨닫지 못한다. 나 역시 젊었을 때 경험 부족에서 오는 편견인 줄도 모른 채 내 확신과 기대에 차서 교육 철학인 양 경직된 잣대를 들이댔을 때도 있었다. 아이들의 마음에 크고 작은 상처를 준 일이 더러 있었을 것이라고 생각하니 아찔했다.

이후 더 이상 그 선생님에게 은수의 입장을 헤아려 달라는 요구를 하지 않았다. 은수와 그 선생님과의 소요를 둘러싼 일들에 대한 나의 의견이 현재의 그 선생님의 가치관으로서는 수용하기 쉽지 않을뿐더러, 내 의견 역시 한낱 내 개인 생각에 불과할 수 있다는 망설임이었다. 더구나 나이 든 선배 교사가 자기 반 학생에 대한 애정만으로 일방적인 이해를 구하는 태도로만 비친다면 어쩔 것인가.

나무가 잘 자라려면 좋은 흙과 햇빛, 물이 있어야 하듯 사람이 성장하는 데도 마음의 목소리와 진심어린 조언이 있어야 한다. 숙성되어 발효되기까지 서로를 지켜보는 시간과 기다리는 여유도 당연히 필요할 것이다.

지금 은수에게는 학과목 수업을 열심히 들어야 한다는 당위적인 훈계보다 자신의 처지를 이해하고 힘든 현실을 뛰어넘을 수 있는 지지대가 더 필요할 것 같다. 한 마디 말이지만 아이들을 변화시킬 수도, 좌절시킬 수도 있는 교사라는 직업이 어쩌면 성직자에 가까운 영향력을 지닐 수도 있다는 생각에 어깨가 무거워졌다. 은수랑 저녁을 먹고 헤어져 돌아왔다.

 때로는 갈등도 하고 의견 차이로 오해를 하는 후배들이라 할지라도 젊은 저들과 같이 인생에서 가장 순수하고 아름다운 한 때를 기획하고 실천할 수 있는 이 작은 직업의 세계가 숭고하고 아름답게 여겨졌다.